참회기도법

법화삼매참법

法華三昧懺法

천태대사 저술

각산 편역

이 기도경은 한 번만 독송하여도 소원이 이루어집니다.

만약,

백 번을 독송한다면 이루지 못할 일이 없습니다.

보리수 아래서 성도(成道)하신 부처님

# 일반 목차

# 상세 목차

# 약어

翻案 법화삼매참법 원본의 내용은 그대로 두고, 용어만 수정

念處 대념처경

法句 법구경

方便 법화경 방편품

安樂 법화경 안락행품

壽量 법화경 여래수량품 자아게

安般 안반수의경

行願 화엄경 행원품

淨行 화엄경 정행품

懺儀 법화삼매참의 한문본

標題 법화삼매참의 원표제

懺集 법화삼매참의 보행집주

懺註 법화삼매참의 보행집주 주해

原語 빠알리어 원어경전

漢本 한문원본

완사 마하붓다 완사 (부처님의 일생)

길잡이 아비담마 길라잡이 (Abhidhammattha Sanghaha 역해)


AN.  Aṅguttara Nikāya (증지부=증일아함경)

DN.  Digha Nikāta (장부=장아함경)

MN.  Majjhima Nikāya (중부=중아함경)

SN.   Saṁyutta Nikāya (상응부=잡아함경)

Dhp.  Dhammapada (법구경)

衆罪如霜露
중 죄 여 상 로

慧日能消除
혜 일 능 소 제

百劫積集罪
백 겁 적 집 죄

一念頓蕩盡
일 념 돈 탕 진

罪無自性從心起
죄 무 자 성 종 심 기

心若滅時罪亦忘
심 약 멸 시 죄 역 망

모든 죄는 서리와 이슬 같아서
지혜의 빛으로 능히 사라지며,
백겁 동안 쌓은 죄도
한 생각에 사라진다.
죄는 본래 스스로의 성품이 없어
마음 따라 일어날 뿐,
그 마음을 비우면 죄 또한 사라지네.

－『관보현경』·『천수경』

# 서문

　몸이나 마음이 고통스러울 때, 또는 삶에 장애가 생겨 도무지 일이 뜻대로 잘 안 풀릴 때는 최대한 빨리 자신의 '참나'를 만나야 합니다. 업장소멸과 운명전환은 오로지 이 '참나'를 만나야만 이룰 수 있기 때문입니다. 업이 소멸되어 자기정화가 이뤄지면 성격과 기질이 바뀌고, 성격과 기질이 바뀌면 팔자와 운명도 달라지니 어찌 원하는 바가 이뤄지지 않을 수 있겠습니까?

　그 업장을 녹이고 '참나'를 만나는 기도수행법이 바로 『법화삼매참법』입니다. 이 기도경은 천년의 비법이며, 이 기도의 영험에 대해서는 지금까지 이어져 내려온 수많은 영험록들이 역사적으로 증명하고 있습니다. 일이 잘 안 풀려 장애가 있는 분이나, 뭔가 새로운 일을 이루고자 하는 분은 본 『법화삼매참법』 기도를 둘도 없는 기회로 삼아, 꼭 '참된 나'를 찾는 참선의 세계를 체험하시고 더불어 부처님의 자비광명을 받으시길 바랍니다.

　『법화삼매참법』 기도는 하루 육시(六時·두 시간씩 여섯 번의 기도)로 삼칠일(21일)을 한 주기로 합니다. 이 여섯 번의 기도는 참회·좌선·예불·경전독송·염불로 이뤄지는데, 어떤 것이든 간절히 신명을 바쳐 임해야 합니다. 기도법은 처음에는 본 기도경을 그저 독송만 하면 되는데, 굳이 의

미를 알려 들지 않아도 순서대로 따라 읽기만 해도 저절로 의미가 터득되면서, 원력(願力·원하는 바를 이루려는 결의와 마음의 힘) 또한 절로 성취되게 구성되어 있습니다.

이렇게 한 번, 두 번 독송하다 보면 그동안 내 본위, 내 위주, 내 방식대로 살아오면서 자기 자신은 물론이고, 부모형제나 남편과 아내·자식 등 남을 속이며 일방적으로 아프게 한 잘못이 저절로 성찰되어, 한없는 참회의 눈물이 쏟아지게 됩니다. 이때 비로소 정화된 순수한 자신을 만나게 되니, 이를 업장소멸이라 합니다. 또한 삼칠일 기도를 하면서, 자기와 인연을 맺고도 중절 또는 유산으로 인해 세상을 보지도 못하고 떠난 영혼이나 어릴 때 떠난 자식, 또는 병환과 불의의 사고로 비명횡사한 조상이나 인연된 분들이 있다면 왕생극락하기를 발원기도하면 모두 다 천도가 됩니다.

기도의 효력은 업장소멸로 삶이 바뀜으로 입증되며, 최소한 꿈에라도 드러나게 됩니다. 천도가 얼마나 잘됐는지는 기도하는 이의 꿈속에 조상이 나타나 증명할 것입니다. 그리고 기도를 할 때는 모름지기 부처님의 광명을 온몸에 받거나, 부처님을 친견하여 마정수기[1] 받기를 간절히 서원해야만 합니다.

본 기도경에 수록된 내용에 따라 기도하고 수행하면 본인이 알든 모르든 불교의 신(神將)들에게 가호를 받는 명훈가피와, 불보살님을 친견하거나 상서로운 꿈을 꾸게 되는 몽중가피를 받게 됩니다. 그래야 바로 눈앞에서 현증가피가 생겨 모든 업장이 소멸되며 사주팔자가 바뀌고 운명이 바뀌게 되면서 삶이 완전히 달라져, 하는 일마다 모두 다 잘 이뤄지고 소원도 저절로 성취됩니다.

『법화삼매참법』은 한국, 중국, 대만, 일본 등 대승불교권에서 천오백여

---

1) 마정수기(摩頂授記) : 부처님께서 성불의 일곱 가지 수기조건을 갖춘 보살에게 머리를 어루만져 주시면서 '미래에는 성불할 것'이라고 보증해 주시는 것을 이른다. 부처님 당대에 이러한 수기(보장)를 받지 못했다면, 꿈에서라도 부처님께 광명을 받는 서상수기

년 동안 수많은 이들의 기도 성취영험이 입증되어 전해져온 영묘한 기도경(經)으로, 깨달음의 필수인 해탈삼매가 동시에 구현되는 수행법이기도 합니다.

자신에게 내재된 영적 능력을 확신하며 본『법화삼매참법』의 기도에 임하면, 근기에 따라 슬기로운 이는 삼칠일 이내에 깨우치고, 업장이 두터운 사람도 삼칠일까지는 운명을 개척하고 인생을 바꾸는 공부의 기틀이 잡힐 것이며, 또한 틀림없이 부처님의 자비광명을 입어 해탈열반을 이룰 것입니다.

아울러 본 기도경은 처음 기도입문하시는 분들에게도 실제로 도움이 될 수 있도록, 기도법을 잘 몰라도 삼칠일 동안 순서에 따라 그저 독송하기만 해도 저절로 몸과 마음이 정화되고, 병고액난 등 각종 장애를 극복하여 소망하는 바를 성취할 수 있게 부처님 말씀이 잘 구성되어 있고, 불보살님과 천지신명의 위신력도 담겨 있습니다.

한국불교의 이념과 사상은 부처님 입멸 후에 일어난 대승불교의 영향을 많이 받고 있습니다. 이 대승불교운동이 지향한 대표적 사상인 법화경의 구원실성(久遠實成)[2]과 회삼귀일(會三歸一)[3]의 사상이 담긴『법화삼매참법』은 불교에 대한 신앙과 수행이라는 합리적 두 날개를 비교적 충족시키면서, 부처님 본래불교의 취지에도 부합되므로 기도경의 원천으로도 손색이 없을 것입니다.

'구원실성'은『법화삼매참법』의 토대가 된 법화경의 핵심사상으로, '누구나 스스로 마음먹은 것을 믿으면 부처의 능력이 작용된다'는 뜻입니다.

---

(瑞像授記·상서로운 조짐의 수기)를 받아야 한다. 이는 내 마음속에 성불의 꽃이 피어 미래에는 꼭 성불한다는 수기의 증명이다.

2) 구원실성(久遠實成) :『법화경』제16품의 '여래의 수명은 한량없다'는 「여래수량품 자아게」요지의 구절로, 문자로만 드러난 의미는 '석가모니 부처님은 아주 헤아릴 수 없는 과거 생부터 이미 부처였다'는 뜻이지만, 그 본뜻은 중생의 본래면목을 드러낸 '우리 모든 중생은 본래부터 어디에도 얽매이고 물들지 않은 대자유의 부처의 본질을 오래전부터 이미 스스로 갖추고 있다'는 것이다. 즉, '누구나 자기 스스로 마음먹은 것을 믿으면

이는 '우리 모든 중생은 본래부터 어디에도 얽매이지 않고 물들지 않은 대자유의 본질(부처)을 이미 태초부터 스스로 갖추고 있다'는 아주 획기적인 위대한 불교진리로, 불교의 가르침이 아니고는 도저히 알 수 없는 생로병사의 비밀입니다.

이 말은 기독교는 신의 구원이 필요한 구원의 종교이지만 불교는 그 누구에게도 구원의 손길이 필요 없는, 이미 스스로 구원되어 있음을 확인만(또는 믿기만) 하면 되는 구원된 종교라는 의미입니다.

그리고 '회삼귀일'이란 성문승·연각승·보살승은 모두 열반의 세계를 향한 일승(一乘)이니, 그 모든 사상과 이념의 분란과 투쟁을 내려놓고 모두가 하나로 화합하여 원융무애한 대자유인으로 가게 하는 것이 그 본뜻입니다. 원효대사께서 펼친 화쟁사상의 근본정신이 바로 이 회삼귀일 정신입니다.

불교는 믿든 안 믿든 간에 모두 다함께 성불하기를 바라는 대자비의 종교이기에, 모든 사상과 이념, 종교의 자유를 인정하고 아우르는 것을 진정한 지향점으로 삼고 있습니다. 무엇보다도 본인 스스로가 행복해질 수 있도록 이끌어주는 것이 종교의 역할 아니겠습니까? 그렇게 누구나 쉽게 진리의 근본적 체험을 해볼 수 있도록 구성된 경전이 바로 『법화삼매참법』 기도경입니다.

끝으로 본 『법화삼매참법』은 중국의 고승인 천태대사(天台智顗·538~597)의 『법화삼매참의』와 중화민국 석법장 법사의 『법화삼매참의보행집주』를 모본으로 삼고 있습니다. 경전에서 인용한 대목들은 해인사 팔만대장경을 수록한 해인사 전자 고려대장경과 동국대 역경원의 경전 전자검색

---

부처의 능력이 작용된다'는 법화사상의 중요한 핵심이 담겨 있다.
3) 회삼귀일(會三歸一) : 『법화경』 제2 방편품에 나오는 성문승·연각승·보살승의 삼승(三乘)이 궁극적으로는 일승(一乘)인 불승(佛乘)의 사상에 귀착된다는 가르침. 승(乘)이란 '타고 가는 것', 즉 깨달음에 이르는 수단을 의미한다.
성문승은 아라한의 길을 가는 분이고, 연각승은 벽지불(빠쩻까붓다·연각·작은 부처님)의 길을 가는 분이며, 보살승은 삼마삼붓다[정등각자(正等覺者)·석가모니와 같으신 큰

시스템을 통해, 상호대조와 점검을 거쳐 정확성을 기해 수록하였습니다.

그리고 가급적 전문 논서 같은 딱딱함은 피하되 불교를 처음 접하는 분의 이해를 돕기 위해 필요한 곳에는 주석을 달았고, 또한 부처님 말씀의 기본 핵심이라 판단되는 중요한 법의 문제에서는 불교경전 중 초기불전의 원전경전을 토대로 재량껏 일일이 출처를 제시하였습니다.

더불어 『법화삼매참법』의 본래취지인, 불교의 고도로 체계화된 과학적 방식의 좌선삼매(止觀·사마타와 위빠사나)를 개략적으로나마 드러내고자 하였습니다. 무엇보다도 수행에 관해서는 본인이 직접 수행해보지도 않고 저술한다거나 남을 가르치거나 주의 주장하는 일에는 신중해야 할 것입니다. 이는 마치 맹인이 코끼리를 설명하는 격이기 때문입니다.

모쪼록 천년의 비법을 간직한 본 기도경의 공덕으로 부처님의 자비광명을 받아 모든 고통과 번뇌에서 벗어나 행복하시길 기도드리며, 납자의 졸박(拙朴)한 편역의 허물이 앞을 가리니, 제방 명안선지식의 따끔한 질정(叱正)과 탁마를 바라마지 않습니다.


나무불·법·승.

佛紀 2552[4] 戊子年 夏安居. 海印寺 沙門 覺山 合掌

---

부처님, 즉 천상천하 유일무이한 완전한 깨달음과 신통력(초능력)을 갖춘 분의 길을 가고자 보살의 바라밀행을 하는 분을 이른다.

4) 본서는 불기 2552년(2008)에 이미 1차 탈고하여 편역자 서문도 써두어, 서문의 집필연도와 출간연도가 다릅니다.

# 法華三昧懺法

# 법화삼매참법
## 서문[5]

하나, 삼칠일 수행을 권하노라

세존께서 반열반[6]에 드신 뒤 후오백세(2500년 뒤)의 탁하고 나쁜 세상 중에 비구, 비구니, 우바새(청신사), 우바이(청신녀)로서 경을 외우는 이, 대승의 수행을 하려는 이, 대승의 뜻을 일으키는 이, 보현보살의 색신(몸)을 친견하려는 이, 석가모니 부처님과 불탑의 여러 분신 부처님과 시방의 부처님을 친견하려는 이, 육근의 청정함을 얻어 부처님의 경계에 들어가 걸림 없는 큰 자유를 통달하려는 이, ~중략①~[7]

네 가지 마(四魔)[8]를 깨뜨리고 모든 번뇌를 깨끗이 하여 '도를 장애하는 일체의 죄업'을 없애고 현재의 이 몸으로 보살의 바른 지위에 들어가서 여러 모든 부처님의 자재한 공덕을 구족하려는 이, 이와 같은 이들은

---

5) 原文 : 天台大師,『法華三昧懺儀』「法華三昧行事運想補助儀禮法華經儀式」
  (隋瓦官寺沙門釋智顗輒采法華普賢觀經及諸大乘經意撰此法門流行後代)

6) 반열반(槃涅槃) : ①빠알리어 '빠리닙바나(parinibbāna)'의 음역(音譯)으로, 부처님이나 아라한 성자의 죽음을 이른다. 육신을 지니고 있으면서 깨쳤을 때는 열반이라 하고, 그렇게 열반을 얻은 이의 죽음은 육신마저 해탈했기에 반열반이라 한다.
  ②열반은 빠알리어 '닙바나(nibbāna·산스크리트는 니르바나)'의 음역으로, 정신과 육체인 오온을 초탈하여 탐·진·치가 소멸된 영원한 대자유와 완전한 행복의 경지를 말한다. 존재론적인 의미로 봐서는 안 된다.

먼저 마땅히 한적한 곳(閑靜處)⁹⁾에서 삼칠일 동안 일심으로 정진하여 법화삼매에 들어가야 하노라.¹⁰⁾ 그리고 현재에 수행자로서 오역죄¹¹⁾와 사중¹²⁾을 범하여 출가자 비구의 법을 잃었지만, 다시 청정함을 얻어 사문의 율의를 갖추고 위에서 말한 갖가지 수승하고 오묘한 공덕을 갖추고자 한다면 마땅히 삼칠일 동안 일심으로 『법화삼매참법』을 정진 수행해야 하노라. ~중략②~¹³⁾

---

③붓다를 포함해서 어떠한 아라한도 빠리닙바나에 든 후에 다시 태어나지 않는다. 빠리닙바나는 윤회의 끝이다. 그들은 어느 곳에도 태어나지 않는다. 석가모니 부처님의 보살(보디삿따) 시절의 경우를 예로 들어보자.

"그는 삶의 후반에 깨달음을 얻기 전까지는 범부였다. 왜 그러한가? 그는 16살에 야소다라와 결혼해서 아들을 낳았고 감각적 즐거움을 13년 이상 즐겼다. 500명의 여신을 각기 양쪽에 두지는 않았지만 2만 명의 시녀들에 둘러싸여 있었다. 이것이 감각적 쾌락을 즐기는 것이고, 감각적 즐거움에 탐닉하는 것이다.

그는 감각적 즐거움을 포기하고 우루벨라 숲속에서 6년간 고행을 닦았다. 그 후 그마저 포기하고 중도를 수행하여 오래지 않아 완전한 깨달음을 얻었고, [불법을 편 후에는 인간의 육신을 벗는 반열반에 들었다.] 모든 보살들 또한 [열반을 성취하기 전에는] 감각적 욕망을 즐겼지만 성숙한 바라밀이 세상을 포기하게 했다. 그 이전의 삶에서는 결혼도 하고 자식도 얻었다. 이것은 자연의 법칙이다." (파욱 선사, 『Knowing and Seeing·如實知見』)

④세간에서는 스님들의 일반적 죽음도 열반이라 부르는데, 그것은 잘못된 쓰임으로, 현재 절간에서는 덕 높은 큰스님이든 일반 스님이든 '세상을 떠남'을 '원적' 또는 '입적'이라 한다. 세간에서는 예부터(『禮記』「曲禮下」에 의하면) 임금의 죽음을 붕(崩), 제후의 죽음을 훙(薨), 군자(君子)의 죽음을 졸(卒), 일반인의 죽음을 사(死)라 했다.

7) 중략① : 시방 모든 부처님이 설하신 바를 듣고 한 생각 가운데에 모두 받아 지녀 잊지 않고 통달하여 해석하고 연설하여 막히거나 걸림이 없고자 하는 이, 그리고 문수사리 보현 등 제대보살과 함께 더불어 벗이 되려 하는 이, 보현의 몸을 얻어 한 생각 일념 속에서 멸진정 i )을 저버리지 않고 시방 온갖 부처님의 세계에 두루 이르러 온갖 부처님께 공양하려 하는 이, 한 생각 가운데에 시방 온갖 부처님의 나라에 이르러 갖가지 몸을 나투고 갖가지 신통변화로 큰 광명을 놓고 법을 설하며 모든 중생을 해탈시켜 부사의일승 ii )에 들어가려 하는 이, (如來滅後 後五百歲濁惡世中 比丘比丘尼優婆塞優婆夷 誦大乘經者 欲修大乘行者 發大乘意者。欲見普賢菩薩色身者 欲見釋迦牟尼佛多寶佛塔分身諸佛及十方佛者。欲得六根清淨入佛境界通達無閡者 欲得聞十方諸佛所説 一念之中悉能受持通達不忘 解釋演説無障閡者。欲得與文殊師利 普賢等諸大菩薩共爲等侶者。欲得普現色身一念之中不起滅定遍至十方一切佛土供養一切

묻기를 "성불의 길이 멀고도 먼데 삼칠일 수행이 무슨 이익이 있겠습니까?"

답하기를 "세 가지의 이익이 있나니, 그 이익의 종류는 이어서 설하는 곳에 있노라."[14]


둘, 수행의 방편

(참회 행법에 들기 전에는 먼저 기본 방편으로, 몸과 마음을 청정히 다스리고, 주변환경도 정갈하고 고요하게 정리해야 한다. 도를 닦으려는 청정하고 간절한 결의 없이는 중생의 오래 굳어져 철벽같은 업과에 다시 흔들릴 수 있으며, 주변이 어수선하면 수행의지가 분산되어 일심 정진이 어

---

諸佛者。欲得一念之中遍到十方一切佛刹 現種種色身作種種神變 放大光明說法 度脫一切衆生 入不思議一乘者)

☞ i)멸진정(滅盡定) : 마음과 마음부수, 그리고 마음에서 생긴 물질을 하루에서 7일까지 일시적으로 정지시켜 꼼짝하지 않고 선정에 들어간 상태. 수(受)와 상(想)이 완전히 멸한 경지로 죽은 사람의 상태와 비슷하나 온기가 사라지지 않는다.
멸진정은 팔선정까지 부처님이나 선정을 증득한 불환과(不還果) 이상의 경지와 아라한 경지에서만 들어갈 수 있다. 성자의 경지에서는 잠잘 때나 또는 관념에 주의를 기울일 때를 제외하고, 밤새, 며칠, 몇 달, 몇 년을 수행하다보면 생멸의 현상을 보고 싶지 않을 때가 있다. 그러한 때에 멸진정의 열반에 들어간다. 상수멸정(想受滅定)이라고도 하고, 구차제정(九次第定)이라고도 한다.
ii) 부사의일승(不思議一乘) : 이루 생각할 수 없고 말로도 헤아릴 수 없는 일승(부처님의 세계)의 단계.
8) 사마(四魔) : ①번뇌마(煩惱魔) : 탐욕을 비롯한 여러 가지 번뇌는 우리의 몸과 마음을 시끄럽게 하므로 마(魔)라고 한다. ②음마(陰魔) : 오온마(五蘊魔)라고도 하는데, 오음(五陰)은 여러 가지 고통을 일으키므로 마(魔)라고 한다. ③사마(死魔) : 죽음은 사람의 목숨을 빼앗으므로 마(魔)라고 한다. ④천마(天魔) : 하늘의 마군으로 욕계 제6천의 타화자재천왕이 좋은 일을 방해하므로 타화자재천마(他化自在天魔)라 한다.
9) 한정처(閑靜處) : 한가하고 고요한 곳의 수행처.
安樂 : "항상 좌선을 좋아하여 한가하고 고요한 곳에 있으면서 그 마음을 잘 닦아 거둘 것이니라(常好坐禪 在於閑處 修攝其心)." (『法華經』제14 「安樂行品」)
수행에 적합한 7가지 조건 중에서도 수행처를 먼저 꼽는다. 그 7가지 조건은 ①숙소, ②탁발 가는 마을, ③담론, ④사람, ⑤음식, ⑥기후, ⑦지세.
10) 欲得破四魔 淨一切煩惱 滅一切障道罪 現身入菩薩正位 具一切諸佛自在功德者。

려워지기 때문이다.

삼매참의에는 두 가지 참회방법이 있는데, 처음으로 [기도] 수행하는 신참자는 마땅히 삼매참의를 [독송하여야] 한다는 것이 그 첫 번째 방법이며, 구참자의 경우는 「안락행품」에 의지하여 닦으면 된다는 것이 그 두 번째 방법이다. -편역자)

대체로, 일체의 참회 행법에는 모름지기 앞서의 방편을 갖추어야 한다. 무슨 까닭인가? 만약 먼저 몸과 마음을 단정하고 청정하게 하지 않고 갑자기 수행처에서 [기도] 수행에 들어가면, 도 닦는 마음이 일어나지 않고 여법하지 못하여 [불보살님과 호법선신]에 감응하는 바가 없을 수 있기 때문이로다. ~중략③~15)

---

先當於空閑處 三七日一心精進入法華三昧。

11) 오역죄(五逆罪) : 오무간죄(五無間罪)라고도 한다. 무간지옥에 떨어져서 고통 받고 도를 깨칠 수 없는 다섯 가지의 죄. 정통 상좌부(테라와다)의 오역죄와 대승(마하야나)의 오역죄로 나뉜다.
   (1) 상좌부(부처님의 초기불교 맥을 그대로 유지한 승가)의 오역죄 : ①아버지를 살해함(殺父). ②어머니를 살해함(殺母). ③아라한을 살해함(殺阿羅漢). ④승단을 깨트림(破和合僧). ⑤부처님의 몸에 피를 나게 함(出佛身血).
   (2) 대승의 오역죄 : ①탑(塔)·절(寺)을 파괴하고 경(經)을 불사르고, 삼보의 재물을 훔침. ②삼승법(三乘法)을 비방하고 성교(聖敎)를 경천하게 여김. ③스님들을 욕하고 부림. ④상좌부의 5역죄를 범함. ⑤인과의 도리를 믿지 않고, 악구(惡口)·사음(邪淫) 등의 열 가지 불선업(不善業)을 지음.

12) 사중(四重) : 출가한 스님들의 네 가지 큰 중죄로, 4바라이(四波羅夷)라고 한다. 바라이란 계율에서 가장 무겁게 금하는 중죄로, 음행(淫行), 살인, 투도(偷盜·도둑질), 망어(妄語·도를 깨치지 못했는데 도를 깨쳤다고 하는 거짓말)이다. 이 중죄(重罪)를 범하면 승려로서의 생명과 자격을 잃으며 승단에서 쫓겨나고 버림받게 된다.
   여기서 주목할 점은 음행 계목의 성행위 부분인데, 전생의 업연이나 육신의 욕구로 갑자기 잠자리가 일어날 수밖에 없는 상황에서 환계나 환속을 하지 않았고 대중에게 계를 지키지 못함을 선포하지 못했을 경우에는 상대자에게 '나는 지금부터 스님이 아닙니다'라고 밝혀야 한다. 그러면 다시 신참비구로서 출가할 때, 승단에서 다시 허용해줄 수 있다(비구니는 허용불가). ☞ 출처 :『마하승기율』.『比丘戒의 硏究』, 平川彰 著, 慧能 譯.『The Buddhist Monastic Code』by Thanissaro Bhikkhu.

13) 중략② : 왜 그런가 하면 이 『법화삼매참법』은 모든 부처님의 비밀장이며 모든 [기도]경 가운데 최상승경으로 모든 장애와 어려움을 남김없이 없애는 대직도행(大直道行)이기

셋, 일심 정진방법

올바른 수행도량(수행처)에 들어감이란 육재일(p45, 주52)을 지키는 것을 말하노라. 이는 육재일의 날에는 사천왕과 태자와 사천왕의 사신 등과 여러 하늘의 옥황상제 등 하느님[16]이라는 천신이 인간계에 하강하여 선악을 보고 살펴서, 선함을 닦는 자에게는 곧 장부에 선함을 기록하여 편안하게 위로하며 지키고 보호하여 좋은 상서로움이 앞에 드러나게 하고, 수행자로 하여금 기쁘고 즐겁게 환희로운 마음이 나게 하며, 선(善)의 근원과 이익이 증장되도록 하기 때문이노라.

수행자가 처음에 [기도] 수행처에 들어갈 때는 마땅히 스스로 다음과 같이 마음을 편안히 할지어다.

"나는 지금부터 삼칠일을 다 채우도록 그 [기도] 동안 기필코 부처님의 가르침과 다르지 않게 한마음 일심으로 수행정진하리라." 그 까닭은 만약 마음에 여러 가지 다른 생각이 있으면 곧 갖가지 번뇌와 온갖 잡념들이

---

때문이니라. 그것은 마치 전륜성왕이 상투 속에 있는 명주(明珠)를 함부로 남에게 주지 않지만 그것을 얻는 자는 마음에 바라는 바를 따라 갖가지 진귀한 보물을 갖추는 것과 같다.
법화참법 또한 이와 같아서 모든 중생에게 불법의 진귀한 보배를 줄 수 있다. 그러므로 수행자는 마땅히 몸과 목숨을 헤아리지 않고 미래제(未來際)가 다하도록 이 경을 닦아 행해야 할 것이니, 하물며 삼칠일이겠는가!

14) 若有現身 犯五逆四重失比丘法 欲得清淨還具沙門律儀 得如上所説種種勝妙功德者 亦當於三七日中 一心精進 修法華三昧. 所以者何 此法華經是諸如來祕密之藏 於諸經中最在其上 行大直道無留難故. 如轉輪王髻中明珠不妄與人 若有得者隨意所須種種珍寶悉皆具足. 法華三昧亦復如是 能與一切衆生佛法珍寶. 是故菩薩行者應當不計身命 盡未來際修行此經 況三七日耶. 問曰 佛道長遠 三七日修行當有何益. 答 有三種益 在下當説.

15) 중략③ : 그러므로 바로 예참하기 전에 첫 칠일 동안에는 먼저 스스로 그 마음을 조복하여 모든 생각하는 바의 한마음을 내려놓고 쉬어, 삼보께 공양하고 기도처 도량을 [마음에 안착되게] 가꾸어 꾸미고, 옷들도 정갈하게 갖춰야 한다.
그런 다음에 마음이 하나 되게 생각을 묶어, 이 육신을 받은 뒤와 지난 세상에서 지은 죄업을 스스로 깊이 부끄러워하는 마음을 내어 예불하고 참회해야 하노라.
그리고 걸으면서 경을 독송하고, 좌선하며 [화두로써] 마음을 통찰 i )하며, 오로지 한마음으로 정성을 다해 발원해야 하노라. 이는 삼매를 바로 행할 수 있도록 함이며, 또

섞이게 되나니,

 이는 청정한 마음이 아니기 때문이다. 마음이 청정하지 못한데 어찌 바른 삼매의 길과 더불어 상응할 수 있겠는가. 그러므로 스스로 그 마음을 다잡아 몸과 목숨을 아끼지 아니하고 다 바쳐 일심 정진으로 삼칠일을 채워야 하노라.[17] ~중략④~[18]


 넷, 바른 수행방법
 수행자가 처음 도량에 들어갈 때는 마땅히 열 가지 법을 갖추어야 한다.
 첫째, 엄정도량(嚴正道場), 둘째, 정신(淨身·육신청정), 셋째, 삼업공양(三業供養), 넷째, 봉청삼보(奉請三寶), 다섯째, 찬탄삼보(讚歎三寶), 여섯째, 예불(禮佛·예경삼보), 일곱째, 참회(懺悔), 여덟째, 행도선요(行道旋遶), 아홉째, 송법화경(誦法華經), 열째, 사유일실경계(思惟一實境界·좌선삼매)이다. ~중략⑤~[19]

---

 한 몸과 마음이 청정하여 걸림이 없도록 하려는 까닭이며, 마음으로 원하는 바가 모두 열매를 맺게 하기 위함이노라. (또한 아래의 모든 참회문이 이치에 통달이 되도록 외울지니라.)
 明三七日行法前方便第二
 (修行有二種。一者初行 二者久行。教初行者當用此法。教久修者依安樂行品。)
 夫一切懺悔行法 悉須作前方便。所以者何 若不先嚴淨身心 卒入道場 則道心不發 行不如法 無所感降。是故當於正懺之前 一七日中 先自調伏其心息諸緣事 供養三寶 嚴飾道場 淨諸衣服。一心繫念 自憶此身已來及過去世所有惡業 生重慚愧禮佛懺悔。行道誦經坐禪觀行 發願專精。爲令正行三昧 身心淸淨無障閡故 心所願求 悉克果故。(亦須誦下諸懺悔文 悉令通利。)
 ☞ i ) 통찰(洞察) : 漢本은 관(觀)이다. 관은 '꿰뚫어 살핀다'는 통찰(위빠사나)을 의미한다. 이때의 통찰은 '사물과 마음의 실체를 반조하고 자각하며 알고 살펴본다', '관찰한다'는 뜻이다.
16) 옥황상제 등 하느님 : 기독교에서 말하는 창조주, 인간 길흉화복의 심판을 내리는 하나님(야훼 또는 여호와)은 실제로는 존재하지 않는다. 이는 가상적 신앙의 존재이다. 그러나 여기서 '하느님'은 하늘세계에 실재하는 천신을 이르며, 한국인의 하늘신인 '하늘님'·'한얼님'의 변용된 용어이다. 단군신화 속 환웅의 아버지 환인은 '하느님'으로, 환웅은 '한님' 즉 '하나님'으로 불려졌다.
 이처럼 '하느님'이란 원래 한국 고유의 용어로, 실제 존재세계를 의미했는데, 이를 기

이와 같이 수행자는 삼칠일 동안 낮과 밤의 여섯 때(六時)에 [기도 수행] 도량에서의 첫 번째 수행부터 위의 열 가지 법을 모두 갖추어 닦아야 하며, 다음 여섯 번의 각 [기도] 수행시간에는 '제4 봉청삼보'를 빼고[20] 나머지 아홉 가지 참법을 행하면 되노라.[21]

---

독교가 차용하면서 기독교화 시켜버려 신의 세계에 대한 잘못된 관념을 퍼뜨렸던 것이다.

'장로(長老)' 역시 '큰스님'을 지칭하는 불교용어로 천 년 넘게 누누이 써왔는데, 느닷없이 기독교에서 차용해 교회에 기여하는 신자를 '장로'라 부르고 있는 것 또한 불교 용어 차용의 대표적 사례라 할 수 있겠다.

이렇게 차용된 용어들은 기독교 특유의 세계관에 물든 채로 유포되어, 정작 한국불교는 고유의 세계관과 사상, 역사가 고스란히 담겨 있는 고유의 용어들을 사용하기 어려운 것이 작금의 상황이다. 물론 언어나 개념 등은 인류역사가 보여주듯, 사회·문화의 변천사 속에서 서로 영향을 주고받으며 발전·전개되는 것이기는 하다.

그러나 한국 기독교의 경우는 너무도 노골적으로 다른 종교에 뿌리를 둔 고유의 용어들을 차용해 완전히 전유해버리면서 그 뜻을 배타적이고도 편협하게 고정시켜 유포하고 있으니, 문제가 아닐 수 없다.

17) (正入道場用六齋日。此日太子四天王使者等。諸天善神下來人間。檢校善惡。見修善者。卽注善簿。安慰守護。爲現瑞相。令行者心生歡喜。增益善根故) 行者初欲入道場之時應自安心。我於今時 乃至滿三七日 於其中間當如佛敎一心精進。所以者何 若心異念卽雜諸煩惱 名不淸淨 心不淨故 豈得與三昧正道相應。是故自要其心不惜身命 一心精進 滿三七日。

18) 중략④ : 묻기를, "중생마음의 모습은 사물을 따라 생각함을 달리하는데, 어떻게 한마음의 정진을 얻을 수 있겠습니까?" 답하되, "일심(一心)을 닦는 방법에는 사(事) i )와 이(理) ii)의 두 가지가 있나니, 첫째는 사법(事法) 가운데 일심수행이 있고, 둘째는 이법(理法) 가운데 일심수행이 있노라."

☞ i ) 사(事) : 상대 차별하는 드러나 있는 현상, 즉 현상계를 이르며, 사(事)를 닦는다는 것은 속제(俗諦·세간적 진리), 또는 거친 업을 관(觀)하는 것이다.

ii) 이(理) : 사물의 현상에 대한 이치, 즉 현상계의 본질, 또는 [세속이 아닌] 출세간의 진리를 이른다. 사(事)를 관(觀)하는 것은 속제의 관이요, 이(理)를 관하는 것은 진제(眞諦)의 관이며, 이·사가 무애한 것을 관하는 것을 중도관(中道觀)이라 한다.

사를 닦는다(觀)는 것은 자비를 겸하는 것이며, 이를 닦는다는 것은 반야(지혜)이니, 이와 사를 넘어서면 즉, 원융하면 자비와 지혜가 겸해져 '응무소주(應無所住·응하되 머무름이 없는)' 행을 이루며, 만물의 현상이 공(空)이요, 가(假·거짓과 허상임에도 존재로 나타나 있는)임을 아는 중도관이 된다.

첫 번째, '사법 가운데 일심수행 정진(事中修一心精進)'이란 다음과 같이 수행하는 것이다.

우선 수행자가 도량에 처음 들어갈 때는 이렇게 생각해야 한다. "내가 삼칠일 가운데 부처님께 절할 때는 마땅히 마음에 다른 생각이 없이 일심으로 예배하여 나아가 참회하고, 경전을 독송하고 좌선할 때도 일심으로 행하여 법의 뜻이 분산됨이 없도록 할 것이다."

이와 같이 삼칠일을 지내면 이것을 사법 가운데 일심을 닦는 정진수행이라 하노라.

두 번째, '이법 가운데 일심수행정진(理中修一心精進)'이란 다음과 같다.

수행자가 도량에 처음 들어갈 때는 이렇게 생각해야 한다. "내가 지금부터 삼칠일을 채우는 동안 갖가지 마음을 짓는 바가 있을 것이나, 그 갖가지 짓는 바의 마음을 늘 스스로 수시로 [마음 챙기고 알아차려] 비춰보고 [자각하면] 마음의 본 성품은 둘이 아님을 알 것이다."

무슨 까닭인가 하니, 예불할 때도 마음의 본 성품은 [원래] 나지 않고 사라지지도 않기 때문이라. 온갖 [몸으로 뜻으로] 지은 바의 일과 본래의 면목(本來面目)은 나지도 않고 사라지지도 않는 [영원한 불생불멸]임을 마땅히 알아야 하노라.

이와 같이 통찰할 때 일체의 마음은 한마음인 줄 보게 되는 것이니, 그것은 [본래면목]인 마음의 성품 그 자체는 본래 늘 한 모습이기 때문이노라. 수행자가 이와 같이 마음의 근원을 반조하고 통찰하여 원래의 마음과 마음을 서로 이어서 삼칠일을 채워 마음에 아상(我相·나를 내세움)을 세우지 아니하면, 이것을 '이법(理法) 안에서의 한마음을 닦는 정진법'이라 하노라. (問曰 衆生心相隨事異緣 云何能得一心精進。 答曰 有二種修一心 一者事中修一心 二者理中修一心。事中修一心者 如行者 初入道場時卽作是念。我於三七日中 若禮佛時當一心禮佛 心不異緣 乃至懺悔行道誦經坐禪 悉皆一心 在行法中無分散意。如是經三七日 是名事中修一心精進。二者理中修一心精進 行者初入道場時應作是念。我從今時乃至三七日滿 於其中間諸有所作常自照了 所作之心心性不二。所以者何 如禮佛時心性不生不滅 當知一切所作種種之事 心性悉不生不滅。如是觀時見一切心悉是一心 以心性從本已來常一相故。行者能如是反觀心源心心相續 滿三七日不得心相 是名理中修一心精進法。)

19) 중략⑤ : 그 열 가지 법이란 다음과 같노라. 첫째는 수행하는 도량을 깨끗하고 신성하게 장엄하는 엄정도량(嚴正道場)이요, 둘째는 계행을 지키고 몸을 청정히 하는 정신(淨身·육신청정)이요, 셋째는 몸·언어·마음으로 공양하는 삼업공양(三業供養)이요, 넷째는 삼보를 받들어 청하는 봉청삼보(奉請三寶)이다.

다섯째는 삼보를 찬탄하는 찬탄삼보(讚歎三寶)요, 여섯째는 부처님께 예경하는 예불(예경삼보)이요, 일곱째는 죄를 뉘우치고 용서를 구하는 참회(懺悔)요, 여덟째는 [불상이나 기도경의] 법좌를 돌아서 두르는 행도선요(行道旋遶)요, 아홉째는 법화경전 독송의 송경(誦經)이요, 열 번째는 모든 것은 하나인 실상의 경계를 관하는 [참선의] 사유일실경계(思惟一實境界·좌선삼매)이노라.

20) 본 『법화삼매참법』「제4 봉청삼보」의 청불(請佛)은 봉청삼보의 주)에 수록하였기에 생략하고, 계속 본문에 따라 기도를 진행하면 된다.

21) [이러한 십법(十法)의 설해진 바의 방법을 잘 알아서 시행하여, 그 가르침을 마음에 잘 운용하고 새겨서 염두에 두고 스스로의 입으로 문장의 구절을 잘 설하도록, 모름지기 수행자는 그러한 좋은 뜻을 취해야 할 것이라.] 明初入道場正修行方法第四。行者初入道場 當具足十法。一者嚴淨道場。二者淨身。三者三業供養。四者奉請三寶。五者讚歎三寶。六者禮佛。七者懺悔。八者行道旋遶。九者誦法華經。十者思惟一實境界。行者於三七日中 日夜六時 初入道場一時之中 當具足修此十法。於後六時一一時中 當略去請佛一法 餘九法悉行無異。(明此十法之中。有但説施爲方法。有敎運心作念。有敎誦文章句口自宣説。行者當好善取意而用。未必幷須誦此文也。)

# 🪷 第一 嚴淨道場(엄정도량)[22]

　기도하는 장소는 기도가 잘되게 맑고 향기롭게 장엄하도록 꾸며야 한다. 마땅히 한가하고 고요한 곳에 하나의 방을 잘 꾸며 기도도량(수행처)을 삼고, 좌선은 따로 좌선하는 곳을 두어 기도도량과는 별도로 떨어지게 하라. 수행도량 가운데에는 최고의 높고 좋은 자리에 『법화삼매참법』[23] 한 부를 꼭 안치하여야 한다.

　또한 불상이나 부처님 사리를 꼭 둘 필요는 없지만, 그래도 [불상이나 불사리가 없으면] 『법화삼매참법』만은 모셔 두어야 하며, 그 모신 경상을 장엄하게 꾸미고 맑고 청정하게 하여, 갖가지 공양물로 정성을 바쳐 불공드림으로써, [공덕이 커진다.]

　기도도량에 들어가는 날에는 청정한 새벽에 마땅히 도량을 깨끗이 청소하여, 향수와 향기로운 자재로 도량을 장엄하게 보수하고, 갖가지 향유등을 밝히며, 여러 가지 꽃과 가루향을 흩날리고 갖가지 명향(名香)을 사르며 부처님과 부처님의 법과 스님들께 공양 올려야 한다.[24]

　왜냐하면 수행자가 진심으로 삼보님을 공경하면 욕계·색계·무색계의 삼계를 벗어날 수 있기 때문이니, 이제 불·법·승 삼보를 받들어 청하여 공양 올리고자 하면서 어찌 마음을 가볍게 처신할 수 있으랴. 만일 자신의 재물을 아낌없이 공양할 수 없다면 끝내 성현을 불러 모실 수 없어서 무거운 중죄를 없애지 못하나니, 해탈삼매가 무엇으로 인연하여 생겨날 수 있겠는가?[25]

---

22) 飜案 : 原 標題 「行者嚴淨道場法」

---

23) 飜案 : 原文 『法華經』

24) 當於閑靜之處。嚴治一室以爲道場。別安自坐之處。令與道場有隔。於道場中敷好高座。安置法華經一部。亦未必須安形像舍利幷餘經典。唯置法華經。安施幡蓋種種供養具。於入道場日。清旦之時當淨掃地。香湯灌灑香泥塗地。然種種諸香油燈。散種種華及諸末香燒衆名香。供養三寶 備於己力所辦。傾心盡意極令嚴淨。

25) 所以者何。行者內心敬重三寶超過三界。今欲奉請供養。豈可輕心。若不能拔己資財供養大乘。則終不能招賢感聖重罪不滅。三昧何由可發。

# 🪷 第二 肉身淸淨(육신청정)<sup>26)</sup>

　　항상 도량(道場·수행처)에 들어가고자 할 때는 마땅히 향탕에서 목욕하고, 깨끗하고 청결한 옷으로 갈아입어야 한다. 의복은 크고 넉넉한 옷으로 무난한 색깔이어야 한다. 만약 입을 만한 옷이 없을 경우에는 기존 옷 중에서 깨끗하고 좋은 옷을 '수행복(道場衣)'으로 하라.

　　기도를 마치고 도량 외에 부정한 곳을 갈 때는 다른 옷으로 갈아입고 가야 하며, 갔다 온 후 [참법기도와 좌선] 수행에 들어갈 때는 목욕재계 [또는 뒷물] 후 정결한 옷으로 다시 갈아입고 도량에 들어가 예참을 행해야 할 것이다.<sup>27)</sup>

---

26) 翻案 : 原 標題 「行者淨身方法」
　　기도하는 동안은 오계(五戒) 또는 십계(十戒)를 지킬 것을 서원하라. 오계와 십계를 지키는 계행이 실제의 참다운 몸을 맑고 깨끗하게 하는 것(淨身)이며 천상극락의 승천 공덕이 된다.
　　오계는 ①살아 있는 것을 죽이지 않는다(不殺生), ②주지 않는 것은 갖지 않는다(不偸盜), ③남편과 아내 외에는 부정한 잠자리를 하지 않는다(不邪婬), ④거짓을 말하지 않는다(不妄語), ⑤정신을 흐리게 하는 술이나 마약을 취하지 않는다(不飮酒)이다. 오계는 불도수행(佛道修行)의 근본으로 생전에는 부귀영화 자손창성이요, 사후에는 극락 왕생의 복덕구족 공덕이 된다.
　　십계는 오계에 다음의 다섯 가지 계를 더한 것이다.
　　⑥향수, 화장품을 쓰거나 장신구로 몸을 치장하지 않는다. ⑦세속적인 오락을 탐닉하지 않는다. ⑧사치스럽고 높은 침대에 눕지 않는다. ⑨오후 이후에는 먹지 않는다. ⑩금은·재화를 지니지 않는다. ⑥⑦⑧은 불자들이 육재일(六齋日)에 지키는 계이고, ⑨⑩은 출가한 수행자가 지키는 계이다.

27) 初入道場。當以香湯沐浴著淨潔衣。若大衣及諸新染衣。若無當取己衣勝者。以爲入道場衣。於後若出道場。至不淨處。當脫去淨衣著故衣。所爲事竟。當更洗浴著本淨衣。入道場行事也。

# 第三 三業供養(삼업공양) [28]

🪷 먼저 부처님께 삼배한 후, [29]

**나모 따사 바가와또 아라하또 삼마 삼붓다사**
Namo    tassa    bhagavato    arahato    sammā    sambuddhassa

**나모 따사 바가와또 아라하또 삼마 삼붓다사**
Namo    tassa    bhagavato    arahato    sammā    sambuddhassa

**나모 따사 바가와또 아라하또 삼마 삼붓다사** [30]
Namo    tassa    bhagavato    arahato    sammā    sambuddhassa

**붓 당 사라낭 갓차미**
Buddhaṁ    saraṇaṁ    gacchāmi

**담 망 사라낭 갓차미**
Dhammaṁ    saraṇaṁ    gacchāmi

**상 강 사라낭 갓차미** [31]
Saṅghaṁ    saraṇaṁ    gacchāmi

**일심경례 시방일체 상주불**
一 心 敬 禮 十 方 一 切 常 住 佛

**일심경례 시방일체 상주법**
一 心 敬 禮 十 方 一 切 常 住 法

**일심경례 시방일체 상주승**
一 心 敬 禮 十 方 一 切 常 住 僧

🪷 간절한 마음으로 무릎을 꿇고서,

시방에 항상 머무시는 일체의 부처님께 일심으로 공경예배하옵니다.(절)
시방에 항상 머무시는 일체의 부처님법에 일심으로 공경예배하옵니다.(절)
시방에 항상 머무시는 일체의 스님들께 일심으로 공경예배하옵니다.(절)

저와 이 기도하는 도량이 제석천의 여의주와 같아지고 우주 삼라만상에 언제나 머무시는 부처님과 부처님 가르침과 승가 삼보께서 이 도량에 강림하시옵소서. 접족례[32]로써 일심으로 귀의하옵니다.(절)

원하옵건대 이 향과 꽃이 구름같이 두루 시방법계에 가득 펴져서, 모든 부처님과 부처님 경전과 불법 그리고 보살님과 벽지불, 아라한 승가 대중스님, 일체 하늘천신께 온 마음으로 공양 올리옵나니 공양받으시어 부처님의 불사에 잘 수용되게 하옵소서.[33](절)

28) 翻案 : 原 標題 「行者三業供養法」

예불은 계를 지키고 성심을 다하여 드려야 하며, 예불 방법은 먼저 부처님께 삼배를 드리고, '나모 따사 바가와또 아라하또 삼마 삼붓다사'를 세 번 염불하고 난 다음 다시 부처님께 오체투지의 삼배를 하면 된다.

이 예불문은 부처님의 원어, 곧 빠알리어로 되어 있는데, 부처님께서 원어인 '빠알리어'를 사용하면 공덕이 크다고 하셨기에 원어로 예불문을 옮겼다. (『쭐라박가』V. *The Book of the Discipline*, Vin. Texts ⅲ. 150, n.)

뜻은 '스스로 위없이 높고 완전한 깨달음을 성취하신 세존이시며 아라한이신 부처님께 귀의합니다.'이다(南無 應供 無上正等覺 佛世尊).

※ 나모(존경·귀의) 따사(그분) 바가와또(존귀하신/세존) 아라하또(번뇌를 여읜 분·아라한) 삼마(완전히·평등) 삼(올바르게·正) 붓다사(깨달은 분께)

☞ 본문은 一心敬禮 常住佛, ~法, ~僧으로 시작한다.

29) 懺儀 : 삼보님께 엄숙하게 마음을 다잡고, 세존께서 앞에 현전하고 계신다고 염불하며 몸과 입과 정신을 다하여 오체투지로 예배 올리고 이름난 향을 들어 사르며 공양을 올릴지어다. 그리고 모든 의식은 호궤합장을 하거나 무릎을 꿇고서 적당한 소리로 낭랑하게 독송하라(初入道場。至法座前先敷尼師壇正身倚立。應先慈念一切衆生欲興救度。次當起殷重心慚愧懇惻存想如來。三寶夐塞十方虛空。影現道場。是時手執香爐燒衆名香。散種種華供養三寶。卽尋五體投地。口自唱言。)。一切恭敬。

30) 바가와또 아라하또 : 바가와또는 하늘과 인간세계의 존경받는 분인 세존을, 아라하또는 아라한을 이른다. 아라한은 모든 고통과 번뇌를 여의고 초월한 성자를 이른다.

삼마삼-붓다(Sammasam-buddha) : '스승 없이 위없는 완전한 깨달음을 얻은 분'을 이른다. 한문으로는 무상정등각(無上正等覺)이다. 부처님을 원어로는 '붓다(Buddha)'라 하고, 한문의 음역으로는 '불타(佛陀)'라 하며, 줄여서 불(佛)이라 한다. '붓다(부처)'는 더 이상 위없는 깨침을 이룬 이(無上正等覺者)를 이른다.

한국불교에서는 부처를 '아라한'과는 별개로 보고 있지만, 부처님은 아라한이자 불세존이다. '아라한'이란 원래 '번뇌를 녹인 해탈자이기에 마땅히 공양을 받을 만한 복전(福田)인 분'을 이르는데, 부처님이 되신 이는 당연히 번뇌를 여의었기 때문이다. 일반적 아라한은 부처님이나 부처님법을 이은 스승의 가르침이 있어야 깨칠 수 있지만, 부처님은 스승 없이 스스로 홀로 위없는 완전한 깨달음을 얻은 분이다. 그래서 부처가 무제한의 신통력(초능력)을 지녔다면, 일반적 아라한의 신통력은 한계가 있다.

'석가모니불'이라고 통칭되는 부처님은 '삼마삼붓다' 즉, '무상정등각'임을 이르고, 부처님은 부처님인데 '작은 부처님'인 벽지불(緣覺)은 '빠쩻까붓다'라고 한다. 석가모니불과 같은 삼마삼붓다의 칭호를 받으려면 '여래십호'를 갖추어야 하고, 완전한 깨달음을 갖춘 '삼마삼붓다'의 부처가 되려면 8가지 성불의 수기요건을 갖추어야 한다.

여래십호는 부처님의 공덕을 기리는 열 가지 덕호를 이르는데, 여래란 '진리(tathā·如)에 도달한(āgata·來) 분'으로, '진리의 체험자' 또는 '완전한 인격자'라는 뜻이다. 여래(如來·Tathāgata)는 역사상 석가모니불이 자신을 이를 때 가장 자주 사용한 칭호이자 부처님을 뜻하기도 한다. 여래십호는 ①응공(應供), ②정변지(正邊智), ③명행족(明行足), ④선서(善逝), ⑤세간해(世間解), ⑥무상사(無上士), ⑦조어장부(調御丈夫), ⑧천인사(天人師), ⑨불(佛 : Buddha), ⑩세존(世尊)이다.

성불의 수기요건은 8가지이다. ①사람일 것, ②남자일 것, ③은둔자나 비구일 것, ④평등·평온심을 증득할 것, ⑤사선정과 오신통을 갖출 것, ⑥부처님을 만날 것, ⑦부처님의 수기를 받을 충분한 바라밀을 갖출 것, ⑧일체중생을 위한 강한 서원을 지닐 것.

부처님을 만나 수기를 받은 후에는 한량없는 세월인 4아승지 10만 겁의 세월 동안 오로지 타인만을 위한 숭고한 헌신과 봉사의 삶을 살아야 부처가 된다. 이를 보살행이라 한다. 이 보살행의 복덕이 있기에 출가자의 승가집단인 교단을 둘 수 있는 것이며, 따라서 부처님은 많은 이들을 구원하고 교화하는 능력을 지닌 분이라 하여 복덕과 지혜를 갖춘 양족존(兩足尊)이라고도 한다.

살펴볼 점은, 대승불교에서는 바라밀행을 하는 보살을 십계(十界) 중에 지옥~인간, 천상, 성문, 연각의 윗단계에 두는데, 성불의 사상적인 면에서는 우위에 둘 수 있어도 수행의 단계인 수행계위 면에서는 불교의 실제교리와는 전혀 다르다. 이는 자칭 대승불교라고 표방하는 재가 출가단체인 '보살교단'의 견해일 뿐이다. 보살교단은 승가(출가자 수행공동체)가 아닌 '가나(gaṇa)'일 뿐이다. '가나'는 동업조합이라는 의미로, 길드(guild·권익 향상을 위한 상호 부조적인 동업조합) 같은 일종의 종교단체를 이른다.

31) 삼귀의(三歸依·tisaraṇā) : 불(佛)·법(法)·승(僧) 삼보를 믿고 따라, 삶의 고통에서 벗어나 해탈하기 위해 지극한 정성으로 귀의하는 의식. 불교의 가장 기본적 의례이자 수행의 기본전제로, 모든 불교 의식에서 필수적으로 가장 먼저 행해진다.

붓당 사라낭 갓차미(Buddhaṁ  saraṇaṁ gacchāmi) : 부처님께 귀의합니다.

담망 사라낭 갓차미(Dhammaṁ saraṇaṁ gacchāmi) : 가르침에 귀의합니다.

상강 사라낭 갓차미(Saṅghaṁ  saraṇaṁ gacchāmi) : 스님들께 귀의합니다.

32) 접족례(接足禮) : 최상의 공경을 나타내기 위한 방법으로 발등에 이마와 얼굴 또는 입을 맞추는 고대인도 당시의 예경문화이다.

33) 원차향화운  편만시방계
願此香華雲  遍滿十方界

공양불경법  병보살성문연각중
供養佛經法  幷菩薩聲聞緣覺衆

급일체천선  수용작불사。(절)
及一切天仙  受用作佛事

# 향화게(香花偈)

　원하옵건대 모든 하늘의 음악과 하늘의 보배 향과 꽃 그리고 하늘의 보배옷과 음식이 불가사의하고도 미묘한 법의 구름으로 법계에 두루 퍼져서 신비롭고 오묘하게 미묘한 광명의 받침대가 되어 하나하나의 그 모든 곳에 부처님께서 출현하시어 하나하나의 미진수마다 일체의 해탈법을 나타내시옵소서.

　시방[34]의 모든 불국토와 시방법계에 머무시는 삼보이신 부처님과 부처님의 가르침, 그리고 스님들 전에 이 내몸 빠짐없이 나타나 공양 올리나이다.

　하나하나의 그 몸이 온 법계에 두루 나투셔도 미래의 끝이 다하도록 이 몸과 저 몸이 걸림 없이 이와 같이 공양 올리나이다.

일체중생에게 이 공양의 공덕을 회향하옵나니 공덕 입은 모든 중생들은 다 참된 성품 깨닫고 다 함께 나고 죽음 없는 대자유의 부처님 지혜 얻게 하옵소서. 이러한 공양드리면서 삼보이신 부처님과 부처님의 가르침 그리고 승가에 목숨 바쳐 귀의하옵니다.[35] (절)

---

34) 시방(十方) : 동서남북 사방의 팔방에다 상방·하방을 보태 시방세계라 하는데, 온 우주 사방의 전체세계를 이른다.

35) 願此香花遍法界 以爲微妙光明臺 諸天音樂天寶香 諸天餚饍天寶衣。
不可思議妙法塵 一一塵出一切佛 一一塵出一切法 遍至一切佛土中
十方法界三寶殿 皆有我身修共養。
一一皆悉遍法界 彼彼無雜無障碍 盡未來際作佛事 普熏一切諸衆生
蒙熏皆發菩堤心 同入無生證佛智 供養以歸命禮三寶。
(출처 : 漢本 『法華三昧懺儀 輔行集註』)

# 第四 奉請三寶(봉청삼보)[36]

본 예불은 기도 첫날과 마지막 회향 날만 하면 된다.

## 일심봉청 나무 본사 석가모니불
一心奉請 南無 本師 釋迦牟尼佛

## 일심봉청 나무 시방일체 상주불
一心奉請 南無 十方一切 常住佛

## 일심봉청 나무 시방일체 상주법
一心奉請 南無 十方一切 常住法

## 일심봉청 나무 시방일체 상주승[37] (절)
一心奉請 南無 十方一切 常住僧

일심으로 청하옵나니 본래 스승이신 석가모니 부처님께 귀의하옵니다.

일심으로 청하옵나니 일체시방에 항상 머무시는 부처님께 귀의하옵니다.

일심으로 청하옵나니 일체시방에 항상 머무시는 불 법 에 귀의하옵니다.

일심으로 청하옵나니 일체시방에 항상 머무시는 승 가 에 귀의하옵니다.

---

36) 懺儀 : 법화참의 원문

一心奉請 南無 本師 釋迦牟尼

一心奉請 南無過去多寶世尊

一心奉請 南無 釋迦牟尼十方分身一切諸佛

一心奉請 南無 妙法蓮華經中一切諸佛

一心奉請 南無 十方一切常住佛

一心奉請 南無 大乘妙法蓮華經

一心奉請 南無 十方一切常住法

🪷 호궤합장을 하거나 무릎을 꿇고서,

　온 마음을 다하여 지극지성으로 예배드리옵니다. 삼계의 스승이신 대자대비 석가모니부처님과 모든 부처님이시여! 지극한 마음으로 우러러 청하옵나니 저의 기도를 받으시어 제가 기도하는 이 도량에 강림하시옵소서.

　부처님의 경전은 진실하고 맑디맑은 해탈의 법문이옵니다. 제가 지금 간절한 마음으로 우러러 청하옵나니 가엾게 슬피 여기시어 자비로 감싸주시고 보호하사 저의 기도에 감응하시어 제가 기도하는 이 도량에 강림하시옵소서.[38]

---

一心奉請　南無 文殊師利菩薩摩訶薩
一心奉請　南無 彌勒菩薩摩訶薩
一心奉請　南無 藥王菩薩 藥上菩薩摩訶薩
一心奉請　南無 觀世音菩薩 無盡意菩薩摩訶薩
一心奉請　南無 妙音菩薩 華德菩薩摩訶薩
一心奉請　南無 常精進菩薩 得大勢菩薩摩訶薩
一心奉請　南無 大樂說菩薩 智積菩薩摩訶薩
一心奉請　南無 宿王華菩薩 勇施菩薩 持地菩薩摩訶薩
一心奉請　南無 下方上行等 無邊阿僧祇菩薩摩訶薩
一心奉請　南無 妙法蓮華經中 普賢菩薩等 一切諸大菩薩摩訶薩
一心奉請　南無 妙法蓮華經中 舍利弗等 一切諸大聲聞緣覺衆
一心奉請　南無 十方一切常住僧。一心奉請 妙法蓮華經中 一切天龍夜叉 乾闥婆 阿修羅 迦樓羅 緊那羅 摩睺羅伽 人非人等 一切冥空各及眷屬 (五體投地, 奉請 全部 3遍)。

일체 시방의 불·법·승 삼보와 이 모든 위대하신 성중[39]들이시여! 지극한 마음으로 기도하옵나니 원하옵건대 불쌍하고 가련히 여기시어 감싸주시고 보호하사 저의 봉청을 받으셔서 저의 기도를 모두 증명하여주시옵소서.[40]

제가 지금 행하는 바의 기도로 꼭 모든 업장이 깨뜨려지고 법의 문이 나타남이 부처님말씀에 설해진 바와 같도록 하여주시옵소서.

---

37) 상주승(常住僧) : ①상주승의 승(僧)은 승가(僧伽)를 말하는데, 원어로는 '상가(saṅgha)'라고 한다. 승가란 도를 증득한 아라한을 위시하여 장로비구, 중진비구, 신참비구, 장로비구니, 중진비구니, 신참비구니, 사미, 사미니와 승단을 보호하는 청신사, 청신녀의 대중으로 구성된다. (『디가니까야』·『마하박가』)
②그리고 승가운영의 규칙운용에 따라 4·5·10·20·20명 이상 등 다섯 가지 승가의 구성으로 나누어진다. 이를테면 입단(수계)허가를 위해서는 10명 이상의 동의가 필요하므로 9명 이하가 모이면 의결할 수 없다. 이를 삼사칠증(3師7證)이라 하는데, 입단을 인도하는 세 명의 스승급 스님(10년 이상의 법랍)과 입단을 증명하는 비구계를 수지한 7명의 스님을 이른다.
③부처님 열반 이후, 출가자가 스님 칭호를 받을 수 있는 수계의 필수·근본적 요건은 출가의 규정과 절차에 따라 결격사유가 없이 비구계(비구 227계)를 수지하고, 출가한 지 10년 이상 된 비구를 은사로 하여 삼사칠증의 요건을 갖춰야 하기 때문이다. '승가'는 3명 이하일 경우는 대중공사의 의결을 할 수 없기에 승가로서의 자격이 없다. (『The Buddhist Monastic Code』 by Thanissaro Bhikkhu)
④오늘날 '승가'란, 불자라는 넓은 의미에서의 불교교단일 경우는 부대중이라 하여 출가자와 재가신자 전체를 포함하지만, 일반적 의미의 승가는 재가신자는 포함되지 않고 비구·비구니·사미·사미니의 출가수행자만으로 구성된 수행공동체의 교단을 뜻한다. 그래서 조석 예불문의 '~승가야중'이나 삼귀의의 '귀의승'이 '스님들께 귀의합니다'로 풀이되긴 해도, '승가'가 있음으로써 스님이 탄생할 수 있기에 '스님들'의 의미는 '승가'인 것이다. '스님들'이라는 해석은 복수를 나타내지만 자칫 부처님 법대로

이러한 일념 가운데서 삼보이신 일체 시방의 부처님과 부처님의 가르침 그리고 승가의 스님들께 공양드리오며, 널리 일체 사생육도[41]의 모든 중생을 제도하게끔 일승의 평등한 큰 지혜에 들어가서 삼칠일을 부처님의 경전에 설해진 바와 같이 일심정진하겠사오니 일체의 모든 불보살님들이시여! 원하옵건대 이러한 본원력의 까닭으로 저의 참회를 섭수[42]하여주시옵소서.[43] (절)

---

의 자격요건을 갖춘 '승가'보다는 한 개인의 스님으로 인식될 여지가 크기 때문이다. 개개인의 스님이 삼보로서 존경의 대상이 되는 건 좋지만, '스님들'을 잘못 이해하면 승가보다는 한 개인스님에 대한 '귀의승'으로 이해될 수도 있으니 유의해야 한다. 한국에서 스님이란 용어는 승가에 의해 부처님 법대로 정식 출가한 '비구(니)'를 뜻하므로, 승가의 구성요건을 갖추지 못한 나홀로 종단의 출가자는 스님이 아니라 아래 ⑤항 '가나'의 출가자일 뿐이다.

⑤아무리 출가자라 할지라도 위의 ②, ③항의 조건을 갖추지 못한 집단은 '승가'라 하지 않고 '가나(gaṇa)'라고 한다. '가나'는 동업조합이라는 의미로, 길드(guild·권익 향상을 위해 구성된 조직) 같은 일종의 종교단체를 가리킨다.

38) 唯願 本師釋迦牟尼世尊 一切諸佛 大慈大悲。受我奉請 來到道場。
佛說經典 眞淨法門 哀愍覆護。受我奉請 來到道場。一切諸大 十方三寶 大慈大悲。

39) 성중(聖衆) : 예배의 대상인 성문(聲聞·아라한)·연각(緣覺)·보살(관세음·문수·지장·보현보살 등)·모든 부처님.

40) 受我奉請。來到道場 一切十方三寶 憐愍覆護。受我奉請 來到道場 是諸聖衆 願悉證明。

41) 사생육도(四生六道) : 불교에서 말하는 존재계(지옥~인간, 천상계의 육취六趣의 세계)
(1)사생이란 생명을 가진 존재는 4종류의 형태로 태어나는 것을 말한다.
①태생(胎生) : 어미의 배를 빌어 탯줄로 태어나는 생명으로 사람, 소 등 포유류 동물.
②난생(卵生) : 알로 태어나는 생명으로 닭, 오리, 새나 파충류.
③습생(濕生) : 체외수정을 하는 어류나 춥고, 어둡고, 습기 있는 땅을 의지해 번식하는 파리, 모기나 곤충류.

④화생(化生) : 종족을 번식치 않고 부모의 인연을 받지 않고 저절로 화현하는 존재들로, 천상계의 신이나 아귀계의 영가·아수라·지옥의 세계에 태어날 때는 그 존재계의 형상으로 화생하여 태어난다.

(2)육도는 육취라고도 하며, ①천상, ②인간, ③아수라, ④축생, ⑤아귀, ⑥지옥의 세계를 이른다. 불교에서는 온 우주를 가리켜 삼계사생육도(三界四生六道)라고 한다. 아수라계는 후대에 추가된 존재세계이다.

42) 섭수(攝受) : 말없이 관대하고 자비한 마음으로 일체를 두둔하고 보호해 감싸주는 것.

43) 我於今日 欲爲十方一切六道衆生 修行大乘無上菩提 破一切障道重罪。願得法華三昧 普現色身 於一念中供養 一切十方三寶 於一念中普度 一切十方六道一切衆生 令入一乘平等大慧故 於三七日一心精進 如經所説修行。願一切諸佛菩薩普賢大師 本願力故 受我懺悔 令我所行決定破諸罪障 法門現前 如經所説。(行者當自)

# 第五 讚歎三寶(찬탄삼보)[44]

　용안(容顏)은 매우 아름답게 뛰어나시고 그 광명은 시방세계를 다 비추옵니다. 제가 일찍이 예전부터 공양드렸으며 지금 다시 친견하나이다.


　가릉빈가[45]와 같은 음성으로 중생을 가련히 여기시는, 성자들의 주인이시고 하늘 가운데 하늘이신 시방의 모든 부처님과 부처님의 원만최상승법[46]에 저희는 머리 숙여 공경히 예배드리옵니다.[47]

---

44) 기도 제자는 한마음으로 삼보님을 받들어 청하며 법좌를 향하여 향 사르고 꽃을 흩어 공양 올리고, 삼보님의 미묘한 공덕을 기리며 오체투지로써 예배드린다. 그리고 독송할 때는 호궤합장을 하거나 무릎을 꿇고서 적당한 소리로 낭랑하게 찬탄한다.

45) 가릉빈가(迦陵頻伽) : 천상의 새인데, 아주 아름다운 음성으로 노래한다 해서 '가릉빈가성(聲)'이라 하며, 부처님 음성인 범음(梵音)이 '가릉빈가성' 같다고 한다.

46) 원만최상승법(圓滿最上乘法) : 원만하여 모자람이 없는 최고진리의 가르침.

47) 容顏甚奇妙 光明照十方 我適曾供養 今復還親觀
　　聖主天中王 迦陵頻伽聲 哀愍衆生者 我等今敬禮.

48) 방편(方便) : '접근하다, 도달하다'는 뜻을 가진 산스크리트 'upaya'의 번역어로, 중생을 제도하는 지혜를 일컫는다. 개개인의 수준에 맞춰 쉽고 빠르게 이끄는 수단을 이른다. ①안전할 것, ②틀림이 없을 것, ③쉽게 이룰 것.

부처님께옵서는 진실과 방편[48]의 두 가지 법의 문을 열어 법의 비유로써 신비하고 진실한 말씀을 하시나니 널리 모든 대승과 소승으로 하여금 부처님 지혜를 모두 다 증명하옵니다.

저는 지금 부처님께 귀의함을 맹세하옵나니 원하옵건대 나고 죽는 생사의 바다를 초월하게 하여주시옵소서.[49]

---

49) 本迹開二門法 喩談眞秘 普使諸權小 悉證佛菩提 我今誓歸依 願超生死海。

50) 천룡팔부(天龍八部) : 불법(佛法)을 수호하는 8명의 호법신(護法神)으로, 팔부신중(八部神衆)으로도 불린다. 불교는 인도신화를 수용하여 신화 속의 신들을 부처의 가르침에 감화되어 불법을 수호하는 8종족의 신장(팔부신중)들로 변모시켰는데, 바로 천신, 용, 야차, 건달바, 아수라, 가루라, 긴나라, 마후라가이다.

①천신은 천상계의 신령으로, 하늘 자체를 신격화하거나 하늘에 있는 초인적 신격에 대한 믿음에서 생겨난 개념이다. 천신들의 우두머리를 제석천(帝釋天·인드라)이라 한다. 천신 역시 유한한 존재여서 죽음에 임박하면 다섯 가지 징후가 나타나는데, 의복이 남루해지고, 머리 위에 꽃이 시들며, 몸에서 썩은 냄새가 나고, 겨드랑이에서 땀이 나며, 마음속 기쁨이 사라진다고 한다.

②용(龍)은 용신(龍神)을 가리키며, 가공의 신이다. 인도인들 대다수는 오래전부터 이 신을 용왕이라 불러왔는데, 이런 용과 용왕에 대한 관념은 주로 불경에서 연유했다.

③야차는 불경 속의 초자연적 힘을 지닌 귀신의 일종으로, 야차의 본뜻은 '놀라게 한다'이지만 거기에 민첩, 용맹, 교활, 비밀 등의 뜻이 보태졌다. 인도신화에서는 사람을 해치는 악신이었지만, 불교에 수용되면서 불법수호의 선신으로 변모되었다. 그 모습은 사자, 코끼리, 사슴, 말, 소, 양 등의 짐승이나, 손에 무기를 들고 있는 얼굴이 두셋 달린 사람으로 묘사되는데, 크게 울부짖으며 땅을 요동치게도 한다.

④건달바는 명의(名醫)이자 악기를 연주하는 음악의 신으로, 향(香)만 먹고 살아 향신(香神)으로도 불린다. 반인반조(半人半鳥)의 형상이며, 부처님의 설법 자리에 항상 나타나 정법을 찬탄한다고 한다. '건달바'란 범어로 '변화무쌍하다'는 뜻이다.

⑤아수라는 인도의 수많은 신들 중 가장 오래전부터 숭배되어왔으며, 초기에는 생명과 생기(生氣)를 관장하는 선신(善神)으로 모셔졌지만, 힌두교의 주신(主神)들을 숭배

이렇게 부처님을 찬탄한 공덕으로 대승의 위 없는 선근(善根)을 닦아 천계의 천룡팔부[50]와 천신들의 왕 대범천과 삼십삼천의 천신 염라오도[51] 육재팔왕[52] 등과 그에 각각 따르는 권속과 이 땅의 토지신과 승가람[53] 내의 정법 수호자에게 수희복덕을 회향하옵니다.

---

　하게 되면서 이 신들과 대립하는 악신(惡神)으로 여겨지게 되었다. 불교 전승에서 아수라는 수미산 북쪽에 살면서 제석천과 하늘이 무너지는 참혹한 싸움을 영원히 벌이는 존재로 등장한다. 이들이 치열하게 싸운 장소를 '아수라장(阿修羅場)'이라 하는데, 이후 혼란스런 상태나 참혹한 싸움터 등을 비유하는 말로 쓰이게 되었다. 아수라의 상은 얼굴 셋에 팔이 여섯이며 그 중 두 팔은 합장을 하고 있다.

　⑥가루라는 인도신화 속 상상의 새인 금시조(金翅鳥)로, 새 중의 왕이다. 한번 날개를 펴면 360리나 펼쳐질 정도로 거대해서 용을 잡아먹고 산다고 한다. 대개는 사람 몸에 새 머리의 형상을 하고 있는데 때로는 전신이 새의 형상인 경우도 있다.

　⑦긴나라는 인도신화에서 설산에 살며 노래하고 춤추면서 천신·보살들과 중생을 감동시키는 음악의 신으로, 불교에 수용된 후로는 제석천(帝釋天)의 악사가 되었다. 사람머리에 새의 몸이거나 말 머리에 사람 몸처럼 그 형상도 일정치 않으며, 사람과 비슷한 모습이지만 머리 위에 뿔이 하나 달린 게 다르다.

　⑧마후라가는 인도신화에 머리는 뱀, 몸통은 사람의 모습으로 등장하는 사신(蛇神)으로, 후에 불교에 수용되어 불법을 수호하는 팔부신중(八部神衆)이 되었다. 경전에서는 '불법을 즐겨 구하므로 중생들을 이롭게 하고, 거만한 성격을 버리고 겸손하게 기어다니므로 복행(腹行)이다'라고 이른다. 주로 가람을 돌면서 땅속의 악귀들을 제거하고 사찰 외부를 수호하는 가람신이자 음악의 신이다.

51) 염라오도(閻羅五道) : 염라대왕이 사는 하늘계의 야마천의 다른 별칭이다.

52) 육재팔왕(六齋八王) : 육재[일]은 음력 8·14·15·23·29·30일에 부처님과 승가에 공양을 올리고 공덕을 쌓는 의식을 갖는 날이다. 같은 날 팔관재계(8계)를 지키고, 14·15일과 29·30일에는 승가에 함께 모여 밤새워 계목(戒目)을 외우며 계를 잘 지키고 있는지를 반성하는 포살의식을 거행한다. 팔왕은 제석천왕의 사신과 일월귀신, 지옥염라대왕 등을 이른다. 현재 남방불교 국가에서는 음력 보름 전날인 14일과 그믐날 전인 29일에 밤샘 용맹정진을 한다.

53) 승가람(僧伽藍) : 스님들의 수행공동체인 큰 사찰 총림 승가를 말한다.

54) 사승부모(師僧父母) : 스승과 스님과 부모.

또한 전국백성과 세계인류와 사승부모[54]와 선지식[55]이나 악지식이나 절을 불사한 시방의 모든 신심 있는 단월[56]과 널리 온 법계 중생에게 저의 이러한 선근공덕이 두루 쌓여 평등하게 수행덕화 훈습받아서 복덕과 지혜의 공덕이 잘 장엄되어 나고 멸함이 없는 영원한 대자유와 최고의 지혜가 성취되게 하옵소서.[57] (절)

---

55) 선지식(善知識) : 깨달음을 이룬 분이거나 또는 자신의 삶에 이정표를 세워줄 수 있는 자격과 견문을 갖춘 스승.

56) 단월(檀越) : 시주자(施主者)를 이르며, 원어로는 '다나(dāna)'이다. 시주자를 가난과 고통으로부터 건너게 해준다는 뜻이 함축되어 있다.

57) 以此歎佛功德 修行大乘 無上善根。奉福上界 天龍八部 大梵天王 三十三天。閻羅五道 六齋八王 行病鬼王 各及眷屬。此土神祇 僧伽藍內 護正法者。又爲國王帝主 土境萬民 師僧父母 善惡知識。造寺檀越 十方信施 廣及法界衆生。願藉此善根 平等熏修 功德智慧 二種莊嚴。同會無生 成種智道(卽當了知。身口意業 充滿法界。讚歎三寶。無生無滅 無有自性。)

# 第六 禮敬三寶(예경삼보)[58]

본 예불은 기도 처음 입재 날과 마지막 회향 날만 하면 된다. [59]

## 일심경례 본사 석가모니불(절)
一 心 敬 禮 本 師 釋 迦 牟 尼 佛

## 일심경례 과거 다보여래불(절)
一 心 敬 禮 過 去 多 寶 如 來 佛

## 일심경례 시방분신 석가모니불(절)
一 心 敬 禮 十 方 分 身 釋 迦 牟 尼 佛

## 일심경례 동방 선덕불 진동방법계
一 心 敬 禮 東 方 善 德 佛 盡 東 方 法 界

## 일체제불(절)
一 切 諸 佛

---

58) 釐案 : 표제(標題)는 「예불방법」이다. 참집(懺集)본을 따랐다. "예불을 할 때는 부처님이 눈앞에 계신다는 마음으로 지극정성을 다하여 예경해야 한다. 이러할 때 마음이 산란하지 않고 심신이 공적(空寂)해지는 것을 스스로 알게 되어 예불하는 모습이 진실하게 되노라. 이와 같이 이 몸은 환영과 같고 실재하지 않고 형상이 나타나지 않음도 또한 아니나, 법계의 하나하나의 부처님 앞에 이 몸이 모두 다 있나니, 오체투지의 예경을 삼칠일 동안 여섯 번의 예불방법으로 지심귀명례(지극한 마음으로 목숨 바쳐 귀의하는 예불) 할지어다. 그러면 당연히 불보살님의 신묘한 가호와 가피를 받을지니라." (천태대사)

☞ 法句 : 부처님을 생각하면서 드리는 예불의 공덕은 현세안온 후생선처(現世安穩後生善處)요, 천상의 탄생공덕이며, 수행자에게 예배하는 공덕이 100년의 제사보다도 더 크다고 말씀하셨다.

일심경례 동남방 무우덕불 진동남방법계
一心敬禮 東南方 無憂德佛 盡東南方法界
일체제불(절)
一切諸佛

일심경례 남방 전단덕불 진남방법계
一心敬禮 南方 栴檀德佛 盡南方法界
일체제불(절)
一切諸佛

일심경례 서남방 보시불 진서남방법계
一心敬禮 西南方 寶施佛 盡西南方法界
일체제불(절)
一切諸佛

일심경례 서방 무량명불 진서방법계
一心敬禮 西方 無量明佛 盡西方法界
일체제불(절)
一切諸佛

일심경례 서북방 화덕불 진서북방법계
一心敬禮 西北方 華德佛 盡西北方法界
일체제불(절)
一切諸佛

일심경례 북방 상덕불 진북방법계
一心敬禮 北方 相德佛 盡北方法界
일체제불(절)
一切諸佛

일심경례 동북방 삼승행불 진동북방법계
一心敬禮 東北方 三乘行佛 盡東北方法界
일체제불(절)
一切諸佛

일심경례 상방 광중덕불 진상방법계
一心敬禮 上方 廣衆德佛 盡上方法界

**일체제불**(절)
一切諸佛

일심경례 하방 명덕불 진하방법계
一心敬禮 下方 明德佛 盡下方法界

**일체제불**(절)
一切諸佛

일심경례 왕고래금 삼세제불 칠불세존
一心敬禮 往古來今 三世諸佛 七佛世尊

**현겁천불** (절)
賢劫千佛

일심경례 법화경중과거 이만억일월등명불
一心敬禮 法華經中過去 二萬億日月燈明佛

**대통지승불 십육왕자불등**
大通智勝佛 十六王子佛等

**일체과거제불** (절)
一切過去諸佛

일심경례 법화경중현재 정화수왕지불
一心敬禮 法華經中現在 淨華宿王智佛

**보위덕상왕불등 일체현재제불** (절)
寶威德上王佛等 一切現在諸佛

일심경례 법화경중미래 화광불 구족천만
一心敬禮 法華經中未來 華光佛 具足千萬

**광상불등 일체미래제불** (절)
光相佛等 一切未來諸佛

일심경례 시방세계 사리존상 지제묘탑
一 心 敬 禮 十 方 世 界 舍 利 尊 像 支 提 妙 塔

다보여래전신보탑 (절)
多 寶 如 來 全 身 寶 塔

일심경례 대승 묘법연화경 시방일체존경
一 心 敬 禮 大 乘 妙 法 蓮 華 經 十 方 一 切 尊 經

십이부진정법보 (절)
十 二 部 眞 淨 法 寶

일심경례 문수사리보살 미륵보살마하살 (절)
一 心 敬 禮 文 殊 師 利 菩 薩 彌 勒 菩 薩 摩 訶 薩

일심경례 약왕보살 약상보살마하살 (절)
一 心 敬 禮 藥 王 菩 薩 藥 上 菩 薩 摩 訶 薩

일심경례 관세음보살 무진의보살마하살 (절)
一 心 敬 禮 觀 世 音 菩 薩 無 盡 意 菩 薩 摩 訶 薩

일심경례 묘음보살 화덕보살마하살 (절)
一 心 敬 禮 妙 音 菩 薩 華 德 菩 薩 摩 訶 薩

일심경례 상정진보살 득대세보살마하살 (절)
一 心 敬 禮 常 精 進 菩 薩 得 大 勢 菩 薩 摩 訶 薩

일심경례 대요설보살 지적보살마하살 (절)
一 心 敬 禮 大 樂 説 菩 薩 智 積 菩 薩 摩 訶 薩

일심경례 수왕화보살 지지보살 용시보살
一 心 敬 禮 宿 王 華 菩 薩 持 地 菩 薩 勇 施 菩 薩

마하살 (절)
摩 訶 薩

**일심경례 법화경중 사리불등 일체제대**
一 心 敬 禮 法 華 經 中 舍 利 弗 等 一 切 諸 大

**성문중** (절)
聲 聞 中

**일심경례 시방일체제존 적화대권보살**
一 心 敬 禮 十 方 一 切 諸 尊 迹 化 大 權 菩 薩

**급성문연각 득도현성승** (절)
及 聲 聞 緣 覺 得 道 賢 聖 僧

**일심경례 법화경중 일체성범중** (절)
一 心 敬 禮 法 華 經 中 一 切 聖 凡 衆

**일심경례 보현보살마하살**[60] (절)
一 心 敬 禮 普 賢 菩 薩 摩 訶 薩

---

59) 삼십정례의 예경은 기도자의 근기와 역량에 따라 취사선택해도 무방할 것이다. 불교는 원래 복잡하지 않다. 그래서 불교의식은 되도록이면 간결하게 하고, 수행 위주로 하는 것이 더 많은 공덕이 있다. 너무 지나친 종교의식은 중도(中道)가 아닌, 계금취견(戒禁取見)의 사견에 빠지기 쉽다. 믿음(信)과 지혜(慧)는 균등해야지, 지혜는 없고 믿음에만 치중하면 지나친 종교의식에 빠져 맹목적 신앙을 낳게 된다.

60) 이상 삼십정례의 예불법은 힌두이즘의 의례형식이 많이 가미되어 있다. 본장의 예경은 수행자의 마음에 맡긴다.
예불의 바른 방법과 태도에 대해 부처님께서는 초기불경인 『육방예경(六方禮經)』에서 이렇게 말씀하신다.
어느 날 아침, 부처님은 강가에서 동서남북 사방에 상하의 이방을 더한 육방(六方)에 절하는 청년을 만났다. 그는 단지 아버지의 유언에 따라 매일 아침 육방에 절하고 있을 뿐, 아무 뜻도 모른 채 그저 집안에 재난이 없기만을 바랄 뿐이었다. 그래서 부처님은 청년에게 다음의 법을 설하시며 바른 진리로 육방을 향해 예경할 것을 가르치셨다.
"육방을 지키자면 먼저 네 가지 좋지 않은 행(惡行)을 버리고, 네 가지 나쁜 마음(惡心)을 멈추며, 집이나 재산을 그르치는 여섯 문(六門)을 막아야 한다.
네 가지 좋지 않은 행이란
살생과 도적질과 삿된 애욕과 거짓이고,
네 가지 나쁜 마음이란

탐심과 성냄과 어리석음과 두려움이다.
집안을 그르치고 재산을 없애는 여섯 문이란
술을 마시며 부실하게 살거나, 밤늦도록 놀러 다니고,
놀이에 탐닉하거나, 도박에 빠지고, 나쁜 벗과 사귀며,
자기 업무를 게을리 하는 것이다.
이 네 가지 나쁜 행을 버리고 네 가지 악심을 멀리하며 집안과 재산을 그르치는 여섯
문을 막은 연후에, 육방에 예배해야 한다."

# 第七 懺悔修行(참회수행)[61] [62]

저희들이 시작도 없는 세월 동안 항상 삼업[63]과 육근[64]의 장애되는 중죄를 지은 것은 생사에 휩쓸려 욕구를 따르기만 하여 부처님을 뵙기는커녕 친견하고자 하지도 않았고 불법의 묘한 도리를 알고자 하지도 않았기 때문입니다.

---

61) 標題 :「懺悔六根及勸請隨喜回向發願方法」

62) 예불을 마친 기도 수행자는 본인의 몸과 마음의 위의를 다시 갖추고 기도 법좌에는 부처님과 불법과 스님들께서 허공에 현전해 계신다는 생각으로 참회를 시작할지어다. 참회는 목전에 삼보님을 대하듯이 하여, 한마음 한뜻으로 무량겁의 세월로부터 시작하여 이 몸에 이르기까지 태어나고 사는 삶을 받으면서 지은 중죄를 낱낱이 드러내어 참회해야 한다.

일체중생과 더불어 육근으로 지은 일체의 죄악과 계속 마음으로 지금까지 상속해왔던 죄악과 미래세까지 다할 일체의 죄악을 다시는 짓지 않을 것을 서원해야 하나니, 이렇게 참회하면 업의 본질은 공성(空性)이어서 인과응보의 과보가 고통으로 작동하지 않으며, 다시는 죄가 지어지지 않을 것이다.

만약 죄를 지음이 그치지 않을 때는 이는 다 전도(顚倒)된 인연으로 거짓된 과보이니라. 이러한 까닭은 기도를 행하는 수행자는 공(空)의 도리를 얻기 때문이다. 대참회의 마음을 낼지어다. 향을 사르고 꽃을 흩날리어 발로참회 i )하라. (『보현관경·普賢觀經』)

☞ i ) 발로참회(發露懺悔) : 지었던 잘못들을 하나도 숨김없이 모두 다 드러내어 다시는 잘못을 행하지 않겠다는 의지를 다짐. 참고할 것은 지나간 잘못에 대해서 후회해서는 안 된다. 후회는 또 다른 고통을 낳기 때문에 지나간 것은 지나간 대로 두고, 다만 잘못을 살펴보고 잘못의 문제를 가슴 깊이 자각하여 뉘우치면 된다. 이를 참회라 한다.

제가 비록 일체중생과 마찬가지로 모든 중죄의 장애를 받았지만 지금 두루 성현을 대하며 시방의 모든 부처님 앞에서 널리 중생을 위하여 참회하고 목숨 바쳐 귀의하옵니다.

오직 원하옵나니 부처님의 가피로 모든 장애가 소멸되게 하시어 널리 사은삼유[65]와 법계중생들을 위하여 세 가지 장애[66]가 끊어지기를 간절히 참회하옵니다.

---

63) 삼업(三業) : 신(身)·구(口)·의(意) 즉, 육체·언어·정신적으로 쌓아온 행위(업).

64) 육근(六根) : 눈·귀·코·혀·몸의 감각기관과 의식의 근본바탕인 인식토대를 말한다. 근(根)이라 함은 바깥 경계의 현상을 본인 의사와는 관계없이 본능적으로 저절로 취하여 마음을 일으키게 하는 작용과 본질을 지니고 있다는 뜻이다.

65) 사은삼유(四恩三有) : 사람이 세상에 나서 받는 네 가지의 은혜. 삼보(三寶)·국왕·부모·중생의 은혜 또는 부모·스승·국왕·시주의 은혜이다. '삼유'는 삼계의 다른 말이다.

66) 삼장(三障) : 세 가지 장애인 번뇌장, 업장(業障), 보장(報障). 번뇌장은 탐·진·치로 인한 몸과 정신의 번뇌로 야기된 장애, 업장은 번뇌에 물든 행위가 지은 업으로 인한 인과응보의 피할 수 없는 장애, 보장은 번뇌와 업의 장애로 일어난 장애이다. 보장은 정법 비방 등의 자기행동의 업보와 권력자·부모 등 자신이 따라야만 하는 존재가 현실적 힘으로 방해하는 것 등을 말한다. 이 세 가지 장애는 자성이 없음을 깨우쳐 장애를 해탈로 묘용하면 법신·반야·해탈의 세 가지 덕으로 승화시킬 수 있다.
"사념(邪念)일 때 번뇌가 있는 것이요, 정념(正念)이면 번뇌가 없음이라. 사(邪)와 정(正) 모두 여의어 쓰지 않을 때 생멸 없는 청정지에 이르노라. 보리(깨달음의 지혜)는 본래성품으로 한마음 일으키면 일으킨 즉시 망(妄)이라. 정심(淨心)이란 망념 중에 있는 것이니, 다만 정심(正心)이면 세 가지 장애가 없도다." (『육조단경』)

67) 삼독(三毒) : 탐욕과 성냄과 어리석음인 '탐(貪)·진(瞋)·치(癡)'.
①탐(貪) : 좋아하는 대상에 대한 탐착·애착·집착.
②진(瞋) : 좋아하지 않는 대상을 만나거나 나의 주장과 다를 때 일어나는 반감·분노·혐오·불쾌 등의 감정.

저와 더불어 중생이 시작도 없는 곳에서 지금까지 애착하는 견해로 말미암아 안으로는 나와 남을 계산하고 분별하며 밖으로는 행실이 바르지 않은 이를 벗 삼아 좋은 일은 털 오라기 하나만큼도 기쁘게 따르지 않고 오직 삼독[67]에 두루 미쳐서 엄청난 중죄만 지었사오며 비록 광범위하게는 아닐지라도 악한 마음을 두루 벌여 놓기를 밤낮 연속적으로 끊어질 사이가 없었습니다.

 이른바 저는 허물과 과실을 덮어 남이 알지 못하게 속였으며 나쁜 길을 두려워하지 않고 부끄러워하거나 수치스러워하지도 않았기에 인과응보의 법칙을 무시하고 멀리했나이다. 그런 까닭으로 지금에야 인과법칙을 깊이 믿고

---

③치(癡) : 무지함·어리석음. 사성제*나 삼법인, 연기(緣起) 등 불교의 바른 진리에 대한 무지로, 12연기의 무명(無明)을 이른다.
이 삼독은 '나', '나의 것'이라는 자기에 대한 강한 집착에 의해 오온개공(P74, 주94)의 도리를 보지 못하고 자기중심적 사고로 '옳으니, 그르니' 하는 등의 분별망상을 일으키는, 온갖 번뇌와 갈애(渴愛)의 근원이다. 불교에서 번뇌의 유형을 분류할 때면 이 삼독을 근본요인으로 두루 언급할 정도로, 번뇌의 축약된 상징으로서의 의미를 지닌다.
☞ *사성제(四聖諦) : '네 가지 성스러운 진리'인 '고·집·멸·도(苦集滅道)'를 이른다.
(1)고성제(苦聖諦)는 존재하는 모든 것은 괴로움이란 사실을 아는 성스러운 진리이다.

시방에 두루 계신 부처님을 예배하나이다.

 인과를 믿지 않았음에 심히 부끄럽고 수치스러우며 크게 놀랍고 두렵나이다. 이 모두를 다 낱낱이 드러내어 가슴 깊이 참회하옵니다.

 그리하여 이 믿음의 마음이 끊어지지 않게 깨달음의 마음을 일으켜 선행은 닦고 악행은 끊어 몸과 말과 정신으로 짓는 삼업을 부지런히 경책하여 옛 허물을 되짚어 고쳐서 성인은 물론이요 범부의 좋은 일이라면 털 오라기 하나만큼 일지라도 기꺼이 따라 기뻐하겠나이다.

---

괴로움은 누구나 피할 수 없는 네 가지 괴로움인 생로병사에, 사람에 따라 받는 네 가지 괴로움을 더하여 '인생팔고(人生八苦)'로 요약되는데, 생로병사 외의 나머지 네 가지 괴로움은 다음과 같다.
①애별리고(愛別離苦) : 사랑하는 사람과 이별하는 괴로움.
②원증회고(怨憎會苦) : 원하지 않는 사람과 만나야 하고, 원하지 않는 환경에서도 살아야 하는 괴로움.
③구부득고(求不得苦) : 구하려 해도 얻지 못하는 괴로움.
④오음성고(五陰盛苦) : 오온(육체·정신)에서 비롯돼 탐착과 취착을 일으키는 괴로움.
⑵집성제(集聖諦)는 괴로움의 원인을 밝힌 성스러운 진리이다. 괴로움의 원인은 갈애로, 애착과 집착하는 데 있다.
⑶멸성제(滅聖諦)는 괴로움을 없앤 열반의 성스러운 진리이다. 불교의 목적은 열반을 증득하여 온갖 고(苦)에서 해탈하는 것이다.
⑷도성제(道聖諦)는 열반을 증득하기 위하여 도에 이르는 성스러운 진리로, 도를 닦는 수행법이 '팔정도(八正道)'이다. ☞ 팔정도는 p76, 주98 참조.

대 복덕과 대 지혜를 갖추신 시방의 양족존[68] 부처님께옵서는 저와 모든 중생들의 고통을 어떤 신보다도 뛰어나게 두 가지 죽음[69]의 바다로부터 능히 구원하여 삼덕[70]의 언덕에 도달하도록 은혜를 베풀어주시나이다.

"우리의 마음은 본래가 텅 비어 있기에 고정된 실체가 없는 무아이다. 그래서 그 어디에도 물들지 않는 부처이다."

이러한 부처님법의 핵심적 진리에 우매하여 저희는 시작도 없는 곳에서부터 지금에 이르기까지 많은 고통을 받고 많은 죄를 지었사와, 지금에 이르러서야 비로소 본래의 성품에 나(我)라는 실체는 텅 비어 없다는 지혜를 깨치고자 하옵니다.

---

68) 양족존(兩足尊) : 지혜와 복덕 둘 다를 갖춘 가장 존귀한 분.

69) 두 가지 죽음(二死) : 업보에 의한 죽음과 타고난 수명을 다한 죽음이 있고, 아라한과 보살의 원력생으로 나는 몸과 생사윤회의 변화를 받는 몸의 죽음이 있다.

70) 삼덕(三德) : 법신(法身)·반야(지혜)·해탈(열반).

71) 애민섭수(哀愍攝受) : 가엾고 불쌍히 여겨 관대하고 자비로운 마음으로 거둬들여 보살펴줌.

부처님이시여!

이는 널리 많은 악업을 끊어 중생의 이익과 함께하고자 함이오니 오직 원하옵건대 대자대비로써 애민섭수[71]하여주시옵소서.[72](절)

---

72) 行者旣禮佛竟。卽於法座前正身威儀。燒香散華存想三寶。昊塞虛空。普賢菩薩乘六牙白象。無量莊嚴眷屬圍遶。如對目前。一心一意。爲一切衆生行懺悔法。生重慚愧發露無量劫來及至此生。與一切衆生。六根所造。一切惡業斷相續心。從於今時乃至盡未來際。終不更造一切惡業。所以者何。業性雖空果報不失。知空之人尙不作善。況復作罪。若造惡不止。悉是顚倒因緣。則受妄果。是故行者以知空故生大慚愧。燒香散華發露懺悔。下所說懺悔章句。多用普賢觀經意若欲廣知懺悔方法。讀經自見。若不能廣尋。今取意略說以成行法。

# 1. 懺悔六根(참회육근)[73]

## 1) 懺悔眼根(참회안근)

🪷 눈으로 인하여 지은 죄업을 참회하는 법.


 기도 제자 ○○는 일체 법계의 중생과 더불어 지극하고 간절한 마음으로 참회하옵니다.


 저희들은 헤아릴 수 없는 세상을 좇아오면서 눈의 토대를 인연으로 온갖 색[74]을 탐착하였습니다.

---

73) 標題「最初懺悔眼根法」: 눈과 귀·코·혀, 몸의 감각기관 및 의식의 토대를 통해 예로부터 지금까지 눈으로 보고, 귀로 듣고, 코로 맡고, 혀로 맛보며, 몸으로 접촉하면서, 탐하고 성내고 미워했던 어리석은(무명·무지함) 모든 죄를 부처님께 무릎 꿇고서(또는 오체투지로 엎드려서) 슬피 눈물 흘리고 울며 입으로 드러내어 밝히며 간절히 참회한다.

74) 색(色): 형태가 있는 물질적인 것과 형태는 없으나 느끼고 인식할 수 있는 드러난 현상을 말하며, 모든 물질과 현상적인 요소(원소)를 색(色)이라 한다. 현상적 요소란 일례로, 말하는 언어는 붙잡을 수도 형태도 없지만 그 말을 들으면 인식하고 판단하게 되며, 인식하고 판단한 것은 이미 현상으로 존재하게 되는 것이다.
이와 같은 현상을 '드러난' 현상이라 한다. 그래서 색이라 하면 육체와 물질뿐만 아니라 드러난 현상까지도 모두 포함하는 것이다. 존재하는 것을 구성하는 다섯 가지 요소를 가리키는 것 중의 하나이다. 그 다섯 가지를 오온(五蘊)이라 하는데, 색과 수(受·느낌), 상(想·인식), 행(行·의도), 식(識·의식)을 말한다.

색에 집착한 까닭으로 온갖 세속의 대상을 탐착하고 애착하였으며 이러한 애착의 연유로 여인의 몸을 받아 세세생생 태어나는 곳마다 모든 색에 탐혹[75]되어 집착하였습니다.

색이 저의 눈을 허물어뜨려 인정과 사랑의 노예가 되어 삼계를 어지럽게 경과하게 하였고 색의 가림에 눈멀어 올바로 볼 수 없게 했으며 선(善)하지 못한 눈의 토대로 인하여 많은 상처와 해(害)를 입었습니다.

시방의 모든 부처님께서는 상주불멸[76]하시건만 탁하고 나쁜 내 눈의 장애 때문에 친견하지 못했습니다.

이제 부처님의 크고도 넓고 바르며 완전한 경전[77]을 독송하며 보현보살님과 일체 세존께 귀의하오며 향 사르고 꽃을 뿌려 눈으로 지은 죄와 허물을 드러내 감히 덮거나 숨기지 않겠사오니 원하옵건대 모든 불보살님의 혜안[78]의

법수[79]로 죄를 씻어주시옵소서.


　이러한 인연으로 저와 더불어 일체중생이 눈의 토대로 지은 바의 모든 중죄를 마침내 맑고 깨끗이 청정하게 하여주시옵소서.


　눈의 감각기능 근본뿌리 참회를 마치며 지극한 마음으로 부처님과 부처님의 가르침 그리고 스님들께 예배하옵니다.[80] (절)

---

75) 탐혹(耽惑) : 탐착의 미혹함에 빠져 즐거움을 추구하는 것.
76) 상주불멸(常住不滅) : 항상 머물러 영원함.
77) 『대승방등경(大乘方等經)』을 이른다.
78) 혜안(慧眼) : 오안(五眼) 중의 하나로, 아라한 경지의 도를 깨친 지혜의 눈.
　　①육안(肉眼) : 우리들 중생의 육신이 가지고 있는 눈.
　　②천안(天眼) : 멀고 가까움, 안과 밖, 우주 전체를 볼 수 있는 천안통.
　　③혜안(慧眼) : 깨친 마음의 눈.
　　④법안(法眼) : 중생을 제도키 위한 일체의 법문을 비춰보는 지혜의 눈.
　　⑤불안(佛眼) : 부처의 경지를 이룬 이의 안목으로 일체를 알며 일체를 비춰보는 눈으로 앞의 네 가지를 모두 구비한 안목.
79) 법수(法水) : 법의 물.
80) 懺儀 : 至心懺悔。比丘(某甲)與一切法界衆生 從無量世來。眼根因緣 貪著諸色 以著色故 貪愛諸塵。以愛塵故 受女人身 世世生處 惑著諸色。色壞我眼 爲恩愛奴 故色使我 經歷三界。爲此弊使 盲無所見 眼根不善 傷害我多。十方諸佛 常在不滅 我濁惡眼 障故不見。今誦大乘方等經典。歸向普賢菩薩及一切世尊。燒香散華 說眼過罪 不敢覆藏。諸佛菩薩 慧眼法水願與洗除。以是因緣 令我與一切衆生 眼根一切重罪 畢竟淸淨。(懺悔已禮三寶)

## 2) 懺悔耳根(참회이근)

🪷 귀로 인하여 지은 죄업을 참회하는 법.

기도 제자 ○○는 일체 법계의 중생과 더불어 지극하고 간절한 마음으로 참회하옵니다.

저희들은 다겁생의 업을 받아오면서 귀의 토대로 인연된 바깥의 소리를 쫓아 신묘한 소리를 들을 때는 마음이 탐혹하여 집착을 일으켰으며 나쁜 소리를 들을 때는 백팔번뇌의 해로운 도적을 일으켰나이다.

이런 선하지 못한 귀의 과보가 나쁜 일을 불러 항상 좋지 못한 소리를 듣고 모든 인연의 얽매임을 받았으며 거꾸로 왜곡된 허망한 전도망상으로 삿된 견해에 떨어져 악도와 변방에서 바른 법을 듣지 못하고 곳곳마다 탐혹과 집착함이 잠시도 멎는 때가 없었고 이 꽉 막힌 소리들 속에 주저앉아 정신이 혼미해져 삼악도[81]에 떨어졌습니다.

시방제불[82)]께서는 언제나 머무시며 설법하시건만 저는 탁하고 나쁜 귀의 업장 때문에 듣지를 못하고 이제야 처음으로 깨닫고 터득하여 대승의 공덕해장[83)]을 독송하고 지녀서,

널리 보현보살님과 일체 모든 세존께 귀의하오며 향 사르고 꽃을 뿌려 귀로 지은 죄의 허물과 과실을 드러내어 감히 덮어두거나 감추지 않겠습니다.

이런 인연으로 저와 더불어 일체중생이 귀의 토대로 지은 모든 중죄를 마침내 청정하게 하여주시옵소서.

귀의 감각기능 근본뿌리 참회를 마치며 지극한 마음으로 부처님과 부처님의 가르침 그리고 스님들께 예배하옵니다.[84)] (절)

---

81) 삼악도(三惡途) : 지옥·아귀·축생의 세계.
82) 시방제불(十方諸佛) : 온 세계의 모든 부처님.
83) 공덕해장(功德海藏) : 장(藏)은 비밀한 창고처럼 가득히 많이 모아둘 수 있는 곳간으로, 공덕해장은 바다처럼 무한히 넓고 많은 공덕을 말한다.

## 3) 懺悔鼻根(참회비근)

🪷 코로 인하여 지은 죄업을 참회하는 법.

기도 제자 ○○는 일체 법계의 중생과 더불어 지극하고 간절한 마음으로 참회하옵니다.

저희들은 다겁생의 업을 받아오면서 코의 근본뿌리로 인연된 남녀 몸의 향기와 음식의 향과 여러 종류의 모든 향들을 맡으며 이와 같은 향내에 미혹되어 똑똑하지 못하게 모든 번뇌에 속박당하여 마구 부려져 모든 번뇌의 도적에 꼼짝없이 당하여 엎어진 몸을 일으키지도 못했나이다.

이러한 한량없는 죄업의 증장을 인연하여 향내에 탐착한 까닭으로 모든 알음알이로써 분별하고 곳곳마다 물들고 탐착하여 생사의 윤회에

---

84) 懺儀：至心懺悔。比丘(某甲)與一切法界衆生從多劫來。耳根因緣隨逐外聲。聞妙音時心生惑著。聞惡聲時起百八種煩惱賊害。如此惡耳報得惡事。恒聞惡聲生諸攀緣。顚倒聽故當墮惡道邊地。邪見不聞正法。處處惑著無暫停時。坐此窮聲勞我神識墜墮三塗。十方諸佛常在説法。我濁惡耳障故不聞。今始覺悟。誦持大乘功德海藏。歸向普賢菩薩及一切世尊。燒香散華。説耳過罪不敢覆藏。以是因緣令我與法界衆生。耳根所起一切重罪畢竟清淨。(懺悔已禮三寶)

빠져 모든 괴로움의 과보를 받았사옵니다.

시방의 모든 부처님의 미묘한 향의 공덕은 법계에 충만하건만 저는 탁하고 나쁜 코의 업장 때문에 그 향을 맡지 못했습니다. 그러나 이제 대승의 청정미묘한 경전을 독송하며 널리 보현보살님과 일체 세존께 귀의하옵니다.

향 사르며 꽃을 흩어 코로 지은 죄의 허물과 과실을 모두 드러내어 감히 덮어두거나 감추지 않겠사오니 이러한 인연으로 저와 더불어 일체중생이 코의 근본뿌리로 지은 모든 중죄를 마침내 맑게 청정하게 하여주시옵소서.

코의 감각기능 근본뿌리 참회를 마치며 지극한 마음으로 부처님과 부처님의 가르침 그리고 스님들께 예배하옵니다.[85] (절)

---

85) 懺儀: 至心懺悔。比丘(某甲)與一切法界衆生 從無量劫來。坐此鼻根 聞諸香氣 若男女身香 肴膳之香。及種種香 迷惑不了。動諸結使 諸煩惱賊 臥者皆起量罪業 因此增長。以貪香故分別諸識 處處染著 墮落生死 受諸苦報。十方諸佛 功德妙香 充滿法界 我濁惡鼻 障故不聞。今誦大乘 清淨妙典。歸向普賢菩薩及一切世尊。燒香散華 說鼻過罪 不敢覆藏。以是因緣 令我與一切衆生。鼻根一切過罪 畢竟清淨。(懺悔已禮三寶)

## 4) 懺悔舌根(참회설근)

🪷 혀로 인하여 지은 죄업을 참회하는 법.

기도 제자 ○○는 일체 법계의 중생과 더불어 지극하고 간절한 마음으로 참회하옵니다.

저희들은 수없는 세월을 좇아오면서 혀의 근본뿌리로 인연하여 좋지 못한 업을 지어 모든 감미롭고 아름다운 미각을 탐착하여 중생을 해치고 손상하는 여러 금계(禁戒)를 깨뜨려 함부로 놓아 지내는 방일의 문을 열었습니다. 이런 헤아릴 수 없는 죄업은 혀의 근본뿌리로부터 일어났나이다.

또 이러한 혀의 근본뿌리로 인연한 죄업인 거짓말, 남을 이용하고 속이기 위해 교묘히 꾸민 사기의 말, 악한 말, 이간질하는 말, 삿된 견해를 찬탄하는 말, 이익 없는 부질없는 말, 불·법·승 삼보님을 비방하고 모함하여 승가의 화합을 깨뜨리고 어지럽게 하며 진리인 불법을 진리가 아니라고 말하는 것 등의 모든 악업의 가시가 혀의 근본뿌리를 좇아 나왔고 불법의 법륜을 끊음도 혀의 근본뿌리를 좇아 일어났 사오니 이같이 악한 혀가 공덕의 종자까지 끊 어버리나이다.

옳지 않은 것을 바르다고 억지주장을 하고 사견[86]을 찬탄함이 마치 타는 불에 땔나무를 더함과 같아서 혀 근본뿌리의 죄과가 한량없 고 끝이 없으니 이러한 과보로 마땅히 악도에 떨어져 백겁 천겁 영원히 빠져나올 기약이 없 사옵니다.

모든 부처님의 법미[87]는 법계에 널리 충만하 건만 혀의 근본뿌리 죄로 말미암아 능히 잘 구별하여 깨닫지 못하였나이다.

---

86) 사견(邪見) : 올바르지 않은 삿된 견해. 사실이 아닌 것을 사실로 여기는 일방적·주관 적 신념으로, 사성제·팔정도를 벗어난 견해이다.
87) 법미(法味) : 법의 맛. 즉 진리의 맛.
88) 懺儀 : 至心懺悔。比丘(某甲)與一切法界衆生從無數劫來。舌根所作不善惡業。貪 諸美味損害衆生。破諸禁戒開放逸門。無量罪業從舌根生。又以舌根起口過罪。妄 言綺語惡口兩舌。誹謗三寶讚説邪見。説無益語。鬪構壞亂法説非法。諸惡業刺從

67

이제 대승의 모든 부처님의 신묘한 보배창고인 경전을 독송하고 모든 불보살님과 일체 세존께 귀의하오니 향 사르며 꽃을 뿌려 혀로 지은 죄와 허물을 드러내어 감히 덮어두거나 감추지 않겠사옵니다.

이러한 인연으로 저와 더불어 일체중생이 혀의 근본뿌리로 지은 모든 중죄를 마침내 맑게 청정하게 하여주시옵소서.

혀의 감각기능 근본뿌리 참회를 마치며 지극한 마음으로 부처님과 부처님의 가르침 그리고 스님들께 예배하옵니다.[88] (절)

舌根出。斷正法輪從舌根起。如此惡舌斷功德種。於非義中多端强說讚歎邪見。如火益薪。舌根罪過無量無邊。以是因緣當墮惡道。百劫千劫永無出期。諸佛法味彌滿法界。舌根罪故不能別了。今誦大乘諸佛祕藏。歸向普賢菩薩及一切世尊燒香散華。說舌過罪不敢覆藏。以是因緣令我與法界衆生。舌根一切重罪畢竟淸淨。(懺悔已禮三寶)

## 5) 懺悔身根(참회신근)

❀ 몸으로 인하여 지은 죄업을 참회하는 법.

 기도 제자 ○○는 일체 법계의 중생과 더불어 지극하고 간절한 마음으로 참회하옵니다.

 저희들은 아득히 먼 옛날부터 좇아오면서 몸의 근본뿌리가 착하고 좋지 못한 인연으로 갖가지 감촉을 탐내고 집착하여, 이른바 여자는 남자의 몸에 남자는 여자의 몸의 부드럽고 섬세하고 연하고 매끄러움 등, 갖가지 몸의 감촉들에 탐착하여 정신이 뒤집혀서 몸의 근본무명을 깨닫지 못하였습니다.

 그리하여 번뇌의 불길이 타올라 신업[89]을 짓고 만들었으며 세 가지 불선업[90]인 살아있는 생명을 해치는 살생과 주지 않는 물건을 훔치는 도

---

89) 신업(身業) : 몸으로 지은 업, 즉 폭행·음행·살생·도둑질 등의 행위.
90) 불선업(不善業) : 나쁜 업(행위).

둑질과 정당하지 못한 음행을 하며 모든 중생과 크게 원수 맺는 등의 각종 파계를 저질렀으며 탑과 사찰을 불 질러 태우는 등 삼보의 재물을 사용하고 삼보를 욕되게 하였음에도 부끄러워하거나 수치스러워하지 않았사옵니다.

이 같은 죄의 과오가 헤아릴 수 없고 끝이 없어 몸으로부터 일어난 업은 가히 말로 다하지 못하옵니다.

이 부끄러운 죄의 과보로 미래 세상에는 당연히 지옥에 떨어져 맹렬한 불길이 저의 몸을 불살라 태워 억겁의 헤아릴 수 없는 세월 동안 크나큰 괴로움을 받을 것이 자명하옵니다.

시방의 모든 부처님께옵서는 언제나 맑디맑은 빛을 놓으시어 저희에게 밝게 비춰주시건만 몸이 저지른 근본뿌리의 무거운 죄업의 장애 때문에 깨닫지 못하였습니다.

그러나 이제는 추하고 패악스러운 나쁜 감촉을 탐착하면 현생에도 많은 괴로움을 받고 다음 생에도 지옥 아귀 축생 등의 고통을 받는다는 것을 확실히 깨달았습니다.

이 같이 갖가지 괴로움에 빠져 있음에도 제대로 깨우쳐 알지 못하였음을 이제야 부끄럽고 수치스러워하며 대승의 진실한 법의 보배창고인 경전을 독송하고 지녀서 보현보살님과 일체 불세존께 귀의하옵니다.

향 사르고 꽃을 뿌려 몸으로 지은 죄의 허물과 과실을 드러내어 감히 덮어두거나 감추지 않겠사오니 이러한 인연으로 저와 더불어 일체 중생이 몸의 근본뿌리로 지은 모든 중죄를 마침내 맑게 청정하게 하여주시옵소서.

---

91) 懺儀：至心懺悔。比丘(某甲)與一切法界衆生從久遠來。身根不善貪著諸觸。所謂男女身分柔軟細滑。如是等種種諸觸顚倒不了。煩惱熾然造作身業起三不善。謂殺盜婬與諸衆生作大寃結。造逆破戒乃至焚燒塔寺。用三寶物無有羞恥。如是等罪無量無邊。從身業起說不可盡。罪垢因緣未來世中當墮地獄。猛火焰熾焚燒我身。無

몸의 감각기능 근본뿌리 참회를 마치며 지극한 마음으로 부처님과 부처님의 가르침 그리고 스님들께 예배하옵니다.[91] (절)

___

量億劫受大苦惱。十方諸佛常放淨光。照觸我等。身根重罪障故不覺。但知貪著麤弊惡觸。現受衆苦後受地獄餓鬼畜生等苦。如是種種衆苦。沒在其中不覺不知。今日慚愧。誦持大乘眞實法藏。歸向普賢菩薩及一切世尊燒香散華。說身過罪不敢覆藏。以是因緣令我與法界衆生。身根一切重罪畢竟淸淨。(懺悔已禮三寶)

# 6) 懺悔意根(참회의근)

🪷 의식으로 인하여 지은 마음의 죄업을 참회하는 법.

 기도 제자 ○○은 일체 법계의 중생과 더불어 지극하고 간절한 마음으로 참회하옵니다.

 저희들은 시작도 없는 곳으로부터 지금에 이르기까지 의식의 근본뿌리가 올바르지 못하여 혼미하고 어리석어서 부질없는 모든 허상을 좇아, 탐하고 집착함의 미혹에 가려 의식의 근본무명을 깨닫지 못하였나이다.

 그리하여 생각하는 바의 모든 경계에 인연하여 탐욕과 성냄과 어리석음의 삼독심을 일으켰사오며 이와 같은 삿된 생각으로 능히 일체의 잡다한 여러 불선업인 이른바 십악[92] 오역[93]을 일으켜 마치 날뛰는 원숭이와 같고 끈끈이풀과 같아서 곳곳마다 탐하고 집착하여 두루 일체 오온[94] 육정[95]의 근본뿌리 가운데에 이르렀나이다.

이러한 육근의 업은 가지와 꽃과 잎이 번성해 삼계이십오유[96) 우주법계 일체의 삶을 받는 곳에 두루 가득하여, 무명으로부터 시작해 늙고 죽음의 열두 가지 괴로운 일[97)을 증장시키니 여덟 가지 삿된 것[98)과 팔난[99)을 겪지 않은 세월이 없었나이다.

이처럼 한량없고 끝없는 악하고 나쁜 과보는 의식의 근본뿌리로부터 생겨났음이니 이 의식

---

92) 십악(十惡) : 열 가지 나쁜 불선업의 행위. 살생(殺生), 투도(偸盜·도둑질), 사음(邪婬·정당하지 않은 성행위), 망어(妄語·거짓말), 기어(綺語·사기), 악구(惡口·욕설), 양설(兩舌·이간질), 탐욕(貪慾), 진에(瞋恚·성냄), 사견(邪見·옳지 못한 견해)을 이른다.

93) 오역(五逆) : 구제받지 못할, 무간지옥에 떨어질 다섯 가지 악행.
　(1)상좌부불교(초기불교)에서는 ①아버지를 죽이는 일, ②어머니를 죽이는 일, ③아라한을 죽이거나 해하는 일, ④승단의 화합을 깨뜨리는 일, ⑤부처의 몸에 상처를 입히는 일을 이른다.
　(2)대승 불교에서는 ①절이나 탑을 파괴하여 불경과 불상을 불태우고 삼보(三寶)를 빼앗거나 그런 짓을 시키는 일, ②성문(아라한 등의 성자)의 법을 비방하는 일, ③출가자를 죽이거나 수행을 방해하는 일, ④상좌부 불교의 오역 가운데 하나를 범하는 일, ⑤모든 업보는 없다고 생각하여 십악(十惡)을 행하고 다른 이에게 가르치는 일을 이른다.

94) 오온(五蘊) : 생멸·변화하는 존재하는 모든 것을 구성하는 다섯 가지 요소로, '물질과 정신'을 말한다. 몸을 색(色)이라 하고, 정신(마음)은 느낌·인식·의도·의식을 이른다.
　수(受)는 느낌으로, 감수작용으로서의 감각,
　상(想)은 인식으로, 개념·지각을 구성하는 작용으로서의 생각,
　행(行)은 의도로, 受·想 이외의 능동적 심리작용으로서의 의지나 행동 욕구,
　식(識)은 의식으로, 대상을 분석·판단하고 종합 인식하는 마음의 활동이다.
　개인의 존재는 5개 요소의 집합으로 형성·유지되는데, 대부분 이 오온을 '나의 것'인

의 근본뿌리는 곧 모든 생사의 근본이요 한량 없는 괴로움의 근원이옵니다.

이는 경전의 말씀과 같이, 석가모니 부처님 께서는 일체 모든 곳에 두루하시기에 '비로자 나'[100]라 이름 하나니 그러므로 일체의 모든 법이 부처님 법임을 마땅히 알아야 하나, 망상 분별로 여러 번뇌를 받아 불법의 지혜 속에서도 청정하지 못한 삿됨만 보고 해탈 가운데서도 몸과 마음을 얽어매였습니다.

---

'실제'라고 인식하지만 사실은 이들 모두는 인연의 조건 따라 일어난 일시적 현상의 존재일 뿐이다. 나타나 있는 물질계든 정신계든 그 모든 것은 조건에 따라 변하고 사라지는 공(空)이기 때문이다. 그래서 오온개공(五蘊皆空)이라 함은 이러한 존재의 5요소(오온)가 실제로는 모두 다 비어 있는 텅 빔의 공(空)이라는 뜻이다.
오온은 마음에 관한 것인 수(受·느낌), 상(想·생각), 행(行·의도), 식(識·인식)이 색(色)인 육체와 합쳐진 개인존재를 가리킨다. 역으로 말하면 개인존재는 이 오온 중 어느 것으로 분해되며, 그 외에 '아(我)'라고 부를 수 있는 것은 존재할 수 없다는 무아(無我)의 진리를 뜻하며, 오온이 일체법의 구성요소일 경우에는 색(色)은 물질계를, 수(受) 이하의 마음에 관한 것은 정신계를 의미하게 된다.

95) 육정(六情) : 육근의 안·이·비·설·신·의(眼·耳·鼻·舌·身·意)가 각각의 오온(五蘊)에 의해서 일어나는 희(喜)·노(怒)·애(哀)·락(樂)·애(愛)·오(惡)의 여섯 가지 감정.

96) 삼계이십오유(三界二十五有) : ⑴삼계 : 중생들이 생사윤회하는 미망의 세계로, 욕계(慾界)·색계(色界)·무색계(無色界). ⑵이십오유(25有) : 유(有)는 존재를 뜻하며, 이십오유는 윤회의 생사계(生死界)를 25종으로 나눈 것. ①욕계의 14유인, 지옥, 아귀, 축생, 아수라, 남섬부주(지구), 동승신주, 서구화주(구야니), 북구로주, 사왕천, 도리천, 야마천, 도솔천, 화락천, 타화자재천, ②색계의 7유인, 초선천, 이선천, 삼선천, 사선천, 대범천, 정거천, 무상천, ③무색계의 4유인 공무변천, 식무변천, 무소유천, 비상비비상천을 이른다.

이제야 저는 비로소 깨우쳐 심히 부끄럽고 수치스러워 참회하오며 공포와 두려움을 거듭 내어 슬기롭게 자각하여 부처님경전을 지니고 독송하며 여법하게 설하신 바와 같이 수행하여 일체의 모든 보살님과 불세존께 귀의하옵니다.

향 사르며 꽃을 뿌려 마음으로 지은 허물과 죄를 말씀드리며 밝히고 드러내어 감히 덮어두거나 감추지 않고 참회하옵니다.

---

97) 열두 가지 괴로운 일 : 무명(無明·진리에 대해 무지한 것)을 근본원인으로 하여 행(行), 식(識), 명색(名色), 육처(六處), 촉(觸), 수(受), 애(愛), 취(取), 유(有), 생(生), 노사(老死)의 12연기가 순차적으로 돌고 돌아 재생연결이 되는, 윤회의 근원인 고통을 이른다.

98) 여덟 가지 삿된 것(팔사·八邪) : 팔정도(八正道)의 반대되는 행위. 팔정도는 정견(正見·올바른 견해), 정사유(正思惟·올바른 생각), 정어(正語·올바른 말), 정업(正業·올바른 행동), 정명(正命·올바른 생활), 정정진(正精進·올바른 노력), 정념(正念·올바른 마음챙김), 정정(正定·올바른 선정수행)을 이른다.

99) 팔난(八難) : 일반적인 여덟 가지 난관은 배고픔, 목마름, 추위, 더위, 물, 불, 칼, 병란(兵亂)이지만, 불가의 팔난은 부처님과 불법을 보고 듣지 못하는, 수행에 방해가 되는 여덟 가지 장애로, 지옥, 아귀, 축생, 장수천(長壽天), 울단월,[i] 맹농음아(盲聾瘖瘂), 세지변총(世智辯聰), 불전불후(佛前佛後)를 이른다.
☞ i) 울단월 : 산스크리트인 'uttara-kuru'의 음사로, '가장 뛰어나다'는 뜻인데, 수미산을 중심으로 한 사대주(四大洲) 중 북쪽에 있는 대륙을 이른다. 사대주 중에 가장 크고 살기 좋고 즐거움이 넘치는 곳이어서 이곳 사람들은 천년의 수명을 누리며 죽어서도 좋은 곳에 태어난다고 한다.

이러한 인연으로 저와 더불어 법계 모든 중생의 의식의 근본뿌리로 인한 일체 중죄와 육근으로 지은 일체 악업을 이미 일어났거나 지금 일어난 것이나 앞으로 일어날 것들을 깨끗이 씻어내어 청정무구하게 하여주시옵소서.

의식의 감각기능 근본뿌리 참회를 마치며 지극한 마음으로 부처님과 부처님의 가르침 그리고 스님들께 예배하옵니다.[101] (절)

---

100) 비로자나((毘盧蔗那·Vairocana) : 산스크리트로 '두루 빛을 비추는 존재'라는 뜻이며, 광명변조(光明遍照)로 노사나불(盧舍那佛)이라고도 한다. 비로자나불은 『화엄경』과 밀교경전들의 본존(本尊)인 법신불(法身佛)로, 우주의 영원무변하고 보편타당한 진리를 본체로 하는 부처님을 이른다. 동아시아·티베트 등지의 대승불교권에서 널리 숭배되는 최고의 부처로, 밀교에서는 대일여래(大日如來)라고 한다. 비로자나불을 모신 전각을 일반적으로 화엄전(華嚴殿), 비로전(毘盧殿) 또는 대적광전(大寂光殿)이라 부른다.

101) 懺儀 : 至心懺悔。比丘(某甲)與一切法界衆生從無始已來。意根不善貪著諸法狂愚不了。隨所緣境起貪瞋癡。如是邪念能生一切雜業。所謂十惡五逆。猶如猿猴亦如膠膠處處貪著。遍至一切六情根中。此六根業枝條華葉。悉滿三界二十五有一切生處。亦能增長無明老死十二苦事。八邪八難無不經歷。無量無邊惡不善報從意根生。如是意根卽是一切生死根本衆苦之源。如經中説。釋迦牟尼名毘盧遮那遍一切處。當知一切諸法悉是佛法。妄想分別受諸熱惱。是則於菩提中見不清淨。於解脱中而起纏縛。今始覺悟。生重慚愧生重怖畏。誦持大乘如説修行。歸向普賢菩薩及一切世尊燒香散華説意過罪。發露懺悔不敢覆藏。以是因緣令我與法界衆生意根一切重罪。乃至六根所起一切惡業。已起今起未來應起。洗澣懺悔畢竟清淨。(懺悔已禮三寶)

# 2. 勸請(권청)[102]

🪷 법을 설하여주시기를 청함.

기도 제자 ○○는 지심으로 우러러 청하옵나니 바라옵건대 온 우주법계의 한량없는 부처님께서는 이 세상에 오래오래 머무르셔서 중생 위한 대자대비 법륜을 굴려주시어 심령한 모든 존재와 중생이 청정한 본래 면목 그 자리로 돌아가게 하여주시옵소서。

권청을 마치며 지심으로 부처님과 부처님의 가르침 그리고 스님들께 예배하옵니다。[103] (절)

---

102) 몸을 바르게 단정히 한 후 무릎을 꿇고서 한마음으로 불보살님을 청하여 향을 사르고 꽃을 흩뿌려 일심으로 염(念)하며 불보살님께 중생 제도의 법을 설하여 주시기를 청하면서 한 생각 한마음을 입으로 드러내어 청한다.
이하 똑같은 방법으로 삼매참법의 기도경을 모시고 독송하는 법좌(法座)를 향하여 공양 올리고, 삼보의 미묘한 공덕을 기리면서 오체투지로 예배드리며, 적당한 소리로 낭랑하게 찬탄하며 기도한다.
103) 懺儀：我比丘(某甲)至心勸請十方法界無量佛。唯願久住轉法輪。含靈抱識還本淨。然後如來歸常住。(勸請已禮三寶)

# 3. 隨喜(수희)[104]

🪷 공덕행(功德行)을 함께 기뻐하고 감사하는 마음을 올림.

　기도 제자 ○○는 지극한 마음으로 모든 이의 공덕을 수희하옵나니, 모든 불보살님의 공덕으로 범부의 산란함과 고요함 속에 지은 바의 번뇌있고 번뇌없는 일체 업들을 이 제자는 모두 따라 기뻐하나이다.

　수희를 마치며 지심으로 부처님과 부처님의 가르침 그리고 스님들께 예배하옵니다.[105] (절)

---

104) 수희(隨喜) : 불보살이나 다른 이의 기쁨을 따라서 기뻐하며 축하해주는 것. 부처님께서는 '수희공덕'을 다음과 같이 설하신다.
　"제가 올리는 공양에 다른 이도 동참하고 싶다는데, 그 공양의 공덕은 어떻게 되는 것입니까?"
　"그대여, 한 개의 횃불이 있는데 다른 사람이 와서 그 불로 불을 붙여 그것이 수천 사람의 각기 불에 이른 것과 같이, 한 술의 밥일지라도 공양을 올리는 사람이 다른 사람과 함께 그 공양을 올린다고 생각하고 따라 기뻐하면 그 공양공덕은 헤아릴 수 없이 많으며, 다른 사람이 선업 짓는 공덕을 보고 같이 따라 기뻐만 해도 그 사람이 받는 공덕과 똑같은 공덕을 받게 되는 것이 수희공덕이니라." (『법구경』 게송 382)
　[行願] [懺註] : 보현보살이 선재에게 이르길 …… "선남자여, 남의 공덕을 따라 기뻐한

# 4. 廻向(회향)[106]

🪷 본인의 공덕을 법계의 모든 중생에게 되돌리는 법.

기도 제자 ○○는 원하옵나니 그동안 지극하게 몸으로 언어로 정신적으로 온 마음을 다해 닦은 모든 선과 일체 기도공덕을 시방의 모든 부처님께 공양 올리오며 허공법계의 미래 끝이 다하도록 이 복덕과 기도공덕을 회향하여 부처님의 위없는 불도를 구하옵나이다.

회향을 마치며 지심으로 부처님과 부처님의 가르침 그리고 스님들께 예배하옵니다.[107] (절)

---

다는 것은 온 법계, 허공계, 시방 삼세 모든 불세계의 모든 여래께서 초발심한 때로부터 모든 깨달음의 지혜를 위하여 복덕을 부지런히 닦을 적에,

몸과 목숨을 아끼지 않고 이루 다 말할 수 없는 많은 불(佛)세계의 극미진수의 겁을 지나는 동안, 말할 수 없이 많은 불세계의 극미진수의 머리와 눈과 손과 말을 버렸으며, 이와 같이 행하기 어려운 고행을 하면서 여러 종류의 바라밀문(공덕문)을 원만히 갖추었고 여러 가지의 보살지에 들어가 모든 부처님의 위없는 깨달음을 성취하였으며, 반열반에 든 뒤에는 그 사리를 나누어 공양하였나니, 그 모든 착한 근본을 나도 따라 기뻐하였느니라. 또 시방 모든 세계의 육취와 사생의 모든 종류들이 지은 바 공

# 5. 極樂往生發願(극락왕생발원)[108]

 기도 제자 ○○은 지극한 마음으로 발원하옵나니 바라옵건대 저의 신심공덕[109]으로 이내 목숨 다할 때에 저의 정신이 혼미하지 아니하고 맑고 또렷한 정신으로 즉시 왕생극락하여 부처님과 많은 성현을 친견하고 모시며 성불의 영원한 해탈과 대자유의 기쁨이 이뤄지게 하시옵소서.

 발원을 마치며 온 마음을 다 바쳐 부처님과 부처님의 가르침 그리고 스님들께 예배하옵니다.[110] (절)

---

덕과, 내지 한 티끌만한 것이라도 내가 모두 따라서 기뻐하며, 시방 삼세 모든 성문과 벽지불을 배우는 이나 배울 것 없는 이의 온갖 공덕을 내가 모두 따라서 기뻐하며, 모든 보살들이 한량없이 행하기 어려운 고행을 닦으면서 가장 높은 깨달음의 지혜를 구하던 그 넓고 큰 공덕을 내가 모두 따라서 기뻐하나니,
이와 같이 하여 허공계가 다하고, 중생계가 다하고, 중생의 업이 다하고, 중생의 번뇌가 다하여도 나의 이 공덕행을 따라 기뻐하는 행은 끝나지 않노라. 염념이 계속하여 쉬지 않건만 몸과 말과 뜻으로 하는 좋은 일은 지치거나 싫어함이 없느니라."
105) 懺儀 : 我比丘(某甲)至心隨喜。諸佛菩薩諸功德。凡夫靜亂有相善。漏與無漏一切

業。比丘(某甲)咸隨喜。(隨喜已禮三寶)

106) 懺註 : 보현보살이 선재에게 이르길 …… "선남자여, 모두 다 돌려준다는 것은 무슨 뜻인가. 처음 예배하고 공경함으로부터 이웃의 뜻에 따르기까지 그 모든 공덕을 온 법계의 모든 이웃에게 돌려보내어 이웃들로 하여금 항상 편안하고 즐겁고 병고가 없게 할지라. 악법은 모두 다 이루어지지 않고, 좋은 일을 닦은 바의 일은 모두 빨리 공경하며, 온갖 악취 문은 닫아 버리고 인간이나 천상에 이르는 바른 길을 활짝 열어 보이는 것이니라.

이웃들이 쌓아온 나쁜 업으로 말미암아 받게 되는 온갖 무거운 고통의 과보를 내가 대신 받으며, 그 이웃들이 모두 다 해탈을 얻고 마침내는 더 없이 훌륭한 깨달음의 지혜를 성취하도록 힘쓰는 것이니라. 보살은 이와 같이 남김없이 돌려줘야 하느니라. 허공계가 다하고 우리들 이웃의 세계가 다하고 이웃의 업이 다하고 이웃의 번뇌가 다할지라도 나의 이 회향은 끝남이 없을 것이니라. 생각 생각에 이어져 그 사이가 끊임없을지라도 몸과 말과 정신의 업은 조금도 지치거나 싫어함이 없노라." (『화엄경』 「보현보살 십대원 중 제10. 보개회향」)

107) 懺儀 : 我比丘(某甲)至心迴向。三業所修一切善。供養十方恒沙佛。虛空法界盡未來願迴此福求佛道。(迴向已禮三寶)

108) 標題 : 「發願法」이고 '極樂往生發願法'은 懺集의 표제이다.

109) 신심의 공덕만으로도 천신으로 태어나고 극락왕생한다. 다음은 부처님의 말씀이다. 제자가 부처님께 여쭈었다. "부처님께 공양 한번 올린 적도 없고 부처님법이 무엇인지도 모르고, 계를 지킨 바도 없는데, 다만 부처님을 믿고 귀의했다는 그것만으로 천상에 태어날 수 있습니까?" 이에 부처님께서 대답하셨다.

"다만, 여래를 지극히 믿었던 공덕만으로 태어난 그런 예는 수백 수천도 넘어 헤아릴 수가 없느니라." 그리고는 [제자가 눈으로 확인하도록] 부처님께 귀의한 후 죽어서 곧바로 천상에 태어난 하늘의 천신을 직접 내려오게 한 뒤 그에게 물으셨다.

"천인이여, 지극히 아름답고 찬란한 너에게 여래가 묻노라. 너의 천신으로서의 힘과 영광은 어디서 온 것이냐? 인간으로 있을 때 네가 무슨 선업공덕을 지었기에 이런 영광을 성취한 것이냐?"

"부처님이시여, 저는 부처님을 지극한 마음으로 믿고 존경하여 편안한 마음으로 죽을 수 있었습니다. 단지 그 선업공덕으로 오늘의 이 영광을 얻게 되었나이다."

"진정 그런가?"

"진정 그렇습니다."

이에 그 자리에 있던 대중 모두는 부처님의 불가사의한 위신력에 커다란 환희심을 내어 감동되어 봉행하였나니, 부처님의 힘과 덕은 위대해서 별다른 공덕행을 한 일도 없지만, 단지 부처님께 귀의한 것만으로도 천상에 태어나는 복을 누리게 되는 것을 직접 보여주셨음이라. 이와 같이 불교에 귀의하여 부처님을 염불하면 임종 때 천상세계로 인도되느니라. (『법구경』 게송 2)

110) 懺儀 : 我比丘(某甲)至心發願。願命終時神不亂。正念直往生安養。面奉彌陀值衆聖。修行十地勝常樂。(發願已禮三寶)

☞ 이어지는 「조상님들 극락왕생발원」은 추가한 것으로 각 개인의 사정에 따라 취사선택하여 기도해도 무방하다.

# 조상님들 극락왕생발원

위없이 높고 높은 세상에 오직 유일한 한분, 대자대비 석가모니 부처님이시여!

지혜와 자비가 끝이 없으시고 전지전능한 신통력 또한 끝이 없으셔서 일체중생을 구원하시고 대자유의 언덕으로 인도하시는 부처님께 오늘 지성으로 기도드리옵나니 이 땅에서 인연 다한 ○○영가님이 부처님의 불국정토에 왕생극락하게 하옵소서.

그리하여 부처님의 위대한 자비광명으로 모든 조상 영가님이 지은 바의 모든 원결과 모든 허물 모두 다 내려놓고 부처님 품안에서 편안히 잠들게 하옵소서.

부처님과 승가의 스님들께 일심으로 귀의하옵나니 오늘 저의 간절한 법화삼매참법 기도 공덕으로 저희 부모형제 자손 친척 모든 가족들이 모두 다 건강하고 화목하게 하옵소서.

영원한 사생자부 위대한 부처님이시여!
언제나 저희들 곁을 떠나지 마시고 저희 가족이 더욱 행복하고 무사하게 보호해주시어서 복덕과 지혜는 바다처럼 증장되고 시련과 재난은 봄눈처럼 흩어지어 원하는 바의 모든 일이 성취되기를 기도 드리옵니다.

저희들의 이러한 신심공덕으로 저의 조상님과 일체 중생이 다 함께 위없이 높고 높은 부처님 법을 깨달아서 해탈성불하게 하옵소서.
(삼배)

# 第八 行道(행도)

🪷 칭명선요한 후,[111]

## 나무 석가모니불
南 無 釋 迦 牟 尼 佛

## 나무 시방불
南 無 十 方 佛

## 나무 시방법
南 無 十 方 法

## 나무 시방승 [112] (절)
南 無 十 方 僧

석가모니  부처님께    귀의하옵니다.
온 시방의  부처님께    귀의하옵니다.
온 시방의  부처님법에  귀의하옵니다.
온 시방의  승가에      귀의하옵니다.

---

111) 칭명선요(稱名旋繞) : 일어서서 합장하고 삼보님을 간절히 생각하며 염불하면서, 서
    서히 부처님의 오른쪽으로 세 번 돌고 제자리로 온다. 불상이 없을 경우에는 본 기도
    경을 부처님의 진신사리 불상으로 삼아 세 번 돌고서 본 자리로 돌아오면 된다. 이를
    우요삼잡 i )이라 한다.
   i ) 우요삼잡(右繞三匝) : 부처님께 제자들이 법을 청할 때 존경을 나타내는 예경법

# 귀의삼보(歸依三寶)

**자귀의불 당원중생 체해대도 발무상심**
自 歸 依 佛 當 願 衆 生 體 解 大 道 發 無 上 心

**자귀의법 당원중생 심입경장 지혜여해**
自 歸 依 法 當 願 衆 生 深 入 經 藏 智 慧 如 海

**자귀의승 당원중생 통리대중 일체무애**
自 歸 依 僧 當 願 衆 生 統 理 大 衆 一 切 無 碍

**화남성중** (절)
和 南 聖 衆

저의 모든 마음으로 부처님께 귀의하오니, 바라옵건대, 모든 중생이 대도를 몸으로 증득하여 위없는 깨달음의 마음을 일으키게 하옵소서.

저의 모든 마음으로 바른 법에 귀의하오니, 바라옵건대, 모든 중생이 경전의 보배 곳집에 깊이 들어가 그 지혜가 바다와 같이 넓어지게 하옵소서.

저의 모든 마음으로 승가에 귀의하오니, 바라옵건대, 모든 중생이 대중에 잘 화합하여 모든 일에 서로 장애 없기를 삼보님께 머리 숙여 경배하옵니다.[113] (절)

# 第九 誦經(송경)[114]


제자는 곧 앞서의 행도(行道) 가운데서 불보살님의 명호를 염불한 후에는 일심으로 경전을 독송하라. 다만, 독송에는 두 부류가 있나니, 첫째는 여법하게 구족하여 외워서 독송하는 것이요, 둘째는 여법하게 갖추지 못해 간추려 외워서 독송하는 것이다.


첫째, 여법하게 구족한 독송을 한다는 것은 제자가 먼저 『법화삼매참법』을 온전히 외워 이미 『법화삼매참법』[115]을 기도하고 있다는 것이다. ~ 중략①~[116]

---

　　의 일종으로 부처님의 주위를 우측으로 세 번 도는 예법이다. 고대인도의 예경문화이다.

112) 漢本 : 南無 十方佛。南無 十方法。南無 十方僧。
　　南無 釋迦牟尼佛。南無 多寶佛。南無 釋迦牟尼分身佛。
　　南無 妙法蓮華經。南無 文殊師利菩薩。南無 普賢菩薩。

113) 고려대장경 『화엄경(華嚴經)』 「7. 정행품(淨行品)」에 나오는 귀절로, 삼귀의(三歸依)의 내용이다. 해인사 고려대장경의 『화엄경』 원판에는 '자귀의(自歸依)'가 '자귀어(自歸於)'로 되어 있다.
　　불교에 입문할 때는 '나무불·법·승(南無佛·法·僧)'을 세 번 외운 뒤 "귀의불 양족존, 귀의불 이욕존, 귀의승 중중존"을 세 번 외운다. '나무(南無)'는 불교의 원어인 빠알리어로는 '나모', 산스크리트로는 '나마스'의 음역이며, 인도인들은 통상 '나마스테(당신께 경의를 표합니다.)'라고 인사한다.
　　原語 : 붓당 사라낭 갓차미 (부처님께 귀의합니다.)
　　　　담망 사라낭 갓차미 (부처님의 가르침에 귀의합니다.)
　　　　상강 사라낭 갓차미 (스님들의 승가에 귀의합니다.)

114) 飜案 : 原 標題 「誦經方法」

115) 漢本 : 「第14 安樂行品」
　　부처님이 열반(빠리닙바나)하신 후 불교 경전은 당시의 시대적 상황에 따라 많은 내

만약, 참선을 행하고 싶을 때는 즉시 독경을 멈추고 좌선에 들어가라.

아직 좌선하려는 뜻이 없다면 다시 단정히 앉아 경을 독송하라. ~중략 ②~[117] 단, 이때 하루 네 번의 좌선(참선)은 모두 꼭 지켜야 하며, 좌선을 아예 그만둬서는 안 된다.

모름지기 오래 앉아 있기를 힘써야 하노라.

그러나 만약 좌선에 익숙치 않을 때는 독송과 참회기도를 해야 한다.[118]

그리고 오랫동안 경전 독송기도를 행한 까닭에 피로가 극도에 이르렀다면, 잠깐 생각을 거두고 휴식을 취하라. 그런 후 편안히 다시 독송하라. 이런 방법 또한 수행법에 어긋나지 않아서, '삼매에 들지 않고도 다만 독송하고 수지(믿음과 귀의)한 까닭으로 뛰어난 묘색[119]을 본다'고 하노라.

~중략 ③~

---

용이 추가로 찬술되었고 특히 대승경전류는 '보살교단(대승불교 종파)'이라는 새로운 재가집단에 의해 거의 창작화가 되어버린 경우가 많았기에, 기존 승가에 대한 파척의 논리가 수록된 「第14 安樂行品」보다는 『법화경』의 본문 「제이 방편품」과 「제십육 여래수량품」, 그리고 『법화경』 개경인 『무량의경』의 「십공덕품 제삼」을 송경의 대상으로 삼았다.

「第14 安樂行品」의 파척의 논리란, 그 내용이 수행적인 측면에서는 정식으로 출가한 스님들의 전통수행인 참선은 강조하면서도, 그들 단체(보살교단)의 정체성과 기득권 유지를 위해서는 "부처님의 정통승단인 비구·비구니 스님과 우바새·우바이는 가까이하지도 말고 인사도 하지 말라"(常好坐禪 在於閑處 修攝其心。又不親近 求聲聞 比丘 比丘尼 優婆塞 優婆夷 亦不問訊 若於房中 …… 不共住止。)는 '불친근처(不親近處)'의 경문을 말한다.

이는 기독교 교인이 다른 종교와 배타적인 삶을 사는 중요 요인이 '다른 신들을 섬기지 말라'(출 20:3), '다른 신들의 이름은 불러서도(기억해서도) 안 된다'(출 23:13), '다른 신들의 이름은 입 밖에도 내서는 안 된다'(출 23:13)라는 규정의 신앙 때문이듯, 「안락행품」의 '불친근처' 경문도 기존불교와 정식 출가한 스님들을 파척의 대상으로 삼는 많은 문제점을 안고 있다. 특히 '남묘호렌게쿄(나무묘법연화경)'류를 신봉하는 신행단체가 그런 경향이 짙다.

※ 보살교단(菩薩敎團)이란 불멸 후 600년에서 700년 사이(A.D. 1~2세기 전후)에 부처님을 흠모하는 재가자들의 한 출가집단이 재가불자도 보살행만 하면 성불할 수 있다면서 보살의 삶을 지향하기 위해 설립한 '보살승'의 교단으로, 이때 태동한 재가단체인 '보디사트바-가나(bodhisattva-gaṇa)'를 말한다. 이 보살교단은 그들 나름대

둘째, 여법하게 구족하지 않고 독송한다는 것은, 이른바 제자가 본래 부처님 경전을 독송하지 못했는데 이제 삼매를 행하기 위해 『삼매참법』을 독송한다는 것이다. 이러한 제자는 『삼매참법』 내의 경전이라도 힘껏 독송하여 이익이 미치도록 통달하여야 하느니라.

모름지기 경전을 독송하는 법은 마땅히 문장의 구절을 분명하게, 음성도 바르고 명료하게 해야 하며, 느슨하지도 급하지도 않게 독송하여야 하노라. 경전문구 그대로 틀리지 않게 하라.

그런 다음에는 마음을 고요히 하여 독경하면서 맑아진 음성에 집착하지 말고, 명료한 음성의 성품이 텅 비고 실체가 없어서 빈 골짜기의 메아리와 같음을 알아차려야 하노라.

---

로의 불교 이념화를 위해 출범한 단체이지만 이는 '가나(gaṇa)'일 뿐, 정식출가자 수행공동체인 '승가'가 아니다. (平川彰 著, 심법제 譯, 『初期大乘佛教의 종교생활』)

116) 중략① : 『법화삼매참법』 독송기도를 마칠 때는 부처님의 명호를 염불하고, 삼귀의를 한 후 본래 앉았던 자리로 돌아온다.

117) 중략② : 기도시간의 배정은 본인의 근기(마음)에 따라 조절한다(亦得多少隨心斟酌).

118) 若意猶未欲坐禪。更端坐誦經。但四時坐禪不得全廢。事須久坐。若人本不習坐。但欲誦經懺悔。

119) 묘색(妙色) : 수행으로 얻어지는 '드러난 신묘한 현상'을 가리킨다 할 수 있는데, 첫째로는 불보살님 형상의 묘색인 심월과 수행의 삼매묘색인 심월(p134, 주151)의 두 가지 삼매현상과, 둘째로는 본인의 환골탈태하는 업장소멸의 묘색을 말할 수 있겠다.
앞의 두 가지 삼매현상은 고도로 집중할 때 일어나는 현상으로 전자는 부처님의 상호가 나타나며, 후자는 심월(心月)이 나타난다. 부처님을 향한 지극하고 간절한 마음은 '까시나' 수행과 똑같은 심월현상을 일으킨다.
심월은 독송할 때 깊은 집중상태에 있음을 증명하는 현상으로, 원어(빠알리어)로는 '니밋따(nimitta)'라 한다. 고도의 집중상태일 때 보름달과 같은 빛이 나타나 갑자기 주위가 밝고 훤해지는데, 이는 곧 선정을 얻을 수 있다는 신호이며, 깨침이 얼마 남지 않은 현상이라 할 수 있다. 이 정도의 경지에 오르려면 좌선이나 독송할 때 오로지 경전이나 참선 외에는 한 생각의 망상과 잡념도 들지 않고 한 시간 정도 집중할 수 있어야 한다.

# 經典讀誦章

경전독송장

# 개경게(開經偈)

경전독송하기 전에 먼저 읽는 게송

## 무상심심미묘법 백천만겁난조우
無 上 甚 深 微 妙 法　百 千 萬 劫 難 遭 遇

## 아금문견득수지 원해여래진실의[120]
我 今 聞 見 得 受 持　願 解 如 來 眞 實 義

## 개법장진언, 옴 아라남 아라다 (세 번)

━━━━━━━━━━━━━━━━━━━━━━━

　대자대비 지혜(大乘)는 더할 나위 없이 불가사의하여, 보거나 듣거나 닿거나 느끼는 것이 모두 다 깨달음의 길이며, 나타냄은 보신이요, 본바탕은 법신이며, 색상문자가 곧 바로 응신이로다.

---

120) 위없는 미묘한 법 백천만겁 만나기 어려워라.
　　제가 이제 보고 듣고 받아 지니길 원하옵나니,
　　여래의 진실한 뜻 깨달아지이다.

헤아릴 수 없는 공덕이 모두 경전에 모였나 니, 이러한 자재함으로 은밀한 이익이 알든 모르든 그윽이 스며드나이다.

지혜가 있거나 지혜가 없거나 죄는 없어지고 선(善)은 생기나니, 이와 같이 믿거나 비방하 거나 다 함께 불도를 이룸이니, 삼세 모든 부 처님의 심히 깊고 깊은 묘한 경전, 세세생생 서로 만나 이마로 받들어 경배하나이다.[121]

---

121) 지극대승 불가사의 견문촉지 개근보리
　　　至極大乘 不可思議 見聞觸知 皆近菩提

　　　능전보신 소전법신 색상문자 즉시응신
　　　能詮報身 所詮法身 色相文字 卽是應身

　　　무량공덕 개집시경 시고자재 명훈밀익
　　　無量功德 皆集是經 是故自在 冥薰密益

　　　유지무지 멸죄생선 약신약방 공성불도
　　　有智無智 滅罪生善 若信若謗 共成佛道

　　　삼세제불 심심묘전 생생세세 치우정대
　　　三世諸佛 甚深妙典 生生世世 値遇頂戴

# 무량의경 십공덕품 제삼
## 無 量 義 經 十 功 德 品 第 三

　부처님께서 말씀하시되 선남자여, 첫 번째 부처님 말씀의 『무량의경』[122]은 아직 발심하지 못한 보살이 능히 보리심을 일으키게 하며 인자함이 없는 자에게는 인자한 마음을 일으키게 하며 살생을 즐기는 자에게는 대비심을 일으키게 하며 질투하는 자에게는 따라 기뻐하는 마음을 일으키게 하느니라.

　애착이 있는 자에게는 능히 버리는 마음을 일으키게 하며 모든 것을 아끼거나 탐내는 자에게는 보시하는 마음을 일으키게 하며 교만함이 많은 자에게는 지계(持戒)의 마음을

---

122) 『무량의경(無量義經)』 : 천오백여 년 전 중국에서 『법화경』의 개경(開經)으로 서술된 경으로, '무량의경'이라는 경전 명은 '부처님 말씀은 한량없이 크고 넓은 진리를 지니고 있다'는 뜻을 품고 있다. 경의 내용이 기도자의 신심을 돈발시켜 용맹심을 일으키는 신심공덕과 기도성취의 공덕이 있기에 『법화경』의 개경으로 삼고 있다.
☞『無量義經』撰述 出處 :『經典의 成立과 展開』p49, 水野弘元 著, 이미령 譯, 민족사.『文化圓形百科』, Daum Communications.

일으키게 하며 성을 잘 내는 자에게는 인욕하는 마음을 일으키게 하며 게으른 자에게는 정진하는 마음을 일으키게 하며 모든 것에 산란한 자에게는 선정의 마음을 일으키게 하며 어리석음이 많은 자에게는 지혜의 마음을 일으키게 하며 아직 제도 안 된 자에게는 제도되려는 마음을 일으키게 하며 열 가지의 악을 행하는 자에게는 열 가지의 착한 마음을 일으키게 하느니라.

유위[123]를 즐기는 자에게는 무위(無爲)의 마음을 뜻하게 하며 물러서려는 마음이 있는 자에게는 물러서지 않는 마음을 가지게 하며 허술한 자에게는 허술함이 없는 마음을 일으키게 하며 번뇌가 많은 자에게는 번뇌를 없애는 마음을 일으키게 하노니, 선남자여, 이것이 이 경

---

123) 유위(有爲) : 감각적 욕망(재물, 색욕, 명예, 식욕, 수면욕)을 추구하는 마음과 일방적인 자기 본위의 마음이다. 무위(무심)의 반대로, 자기중심적·이기적 마음인 의도를 일으켜 집착과 고통의 업을 잉태하게 한다. 무위는 무학(無學·아라한果)의 경계이고, 유위는 유학(有學·아라한 道와 아나함 道와 果, 사다함 道와 果, 수다원 道와 果)의 경계이다.

의 첫째 공덕이요 부사의(不思議)한 힘이니라.

선남자여, 부처님 경전의 두 번째 불가사의한 공덕과 힘은 만일 어떤 중생이 부처님 경전을 한 문장이나 한 게송, 혹은 한 구절이라도 얻어 들으면 곧 능히 백 천억의 뜻에 통달하여 한량없는 겁을 두고도 받아 가진 법을 능히 연설하지 못하리라.

어찌하여 그러한고? 그것은 이 법의 뜻이 한량없는 까닭이니 선남자여, 비유컨대 부처님 경전은 하나의 종자에서 백 천만이 나오며 백 천만 하나하나 가운데서 다시 백 천만이 나오는 것과 같으니라.

이와 같이 부처님 경전 또한 한 법에서 백 천의 뜻이 나오며 백 천의 하나하나 뜻 가운데서 다시 백 천만의 수를 내나니 이와 같이 전전(展轉)해서 한량없고 끝이 없는 뜻이 있음이라, 이런 까닭으로 부처님 경전의 이름을 무량의라 하노니, 선남자여, 이것이 부처님 경전의 둘째 공덕이요 부사의한 힘이니라.

선남자여, 부처님 경전의 세 번째 불가사의한 공덕과 힘은 만일 중생이 부처님 경전을 얻어 들어 한 게송 혹은 한 구절을 한번만이라도 전한다면 백 천만 억의 뜻에 통달하여 비록 번뇌가 있을지라도 번뇌가 없음과 같으며 생사에 나고 들고 할지라도 겁나고 두려운 생각이 없으리라.

억센 역사(力士)가 모든 무거운 것을 짊어지거나 능히 가짐과 같이 부처님 경전을 지니는 이 또한 이와 같아서 능히 무상보리의 무거운 보배를 짊어진 채 중생을 업고 생사의 길에서 나옴이며 아직 스스로는 제도되지 못하였을지라도 능히 저들을 제도하느니라.

이는 마치 뱃사공이 중병에 걸려 팔다리가 자유롭지 못해 이쪽 언덕에 머물러 있을지라도, 튼튼한 좋은 배와 마련해둔 모든 장비들을 그에게 건네줘 떠나보냄과 같으니라.

부처님 경전을 지닌 이 또한 이와 같아서 비록 지옥 아귀 축생 아수라 인간[124]의 윤회를 받으며 백팔의 무거운 병에 걸려 항상 서로 얽혀 무명 노사의 언덕에 머물러 있을지라도, 견고한 부처님 경전에 중생 제도함이 설해 있으니 능히 설함과 같이 행하는 자는 생사의 윤회에서 구원되리니, 선남자여, 이것이 부처님 경전의 셋째 공덕이요 생각으로 미치지 못하는 부사의한 힘이니라.

선남자여, 부처님 경전의 네 번째 부사의한 공덕과 힘은 만일 중생이 부처님 경전을 얻어 들어 한 게송 혹은 한 구절을 한번이라도 전한다면, 용감한 생각을 얻어 비록 스스로는 제도되지 못했더라도 능히 다른 사람을 제도하여 모든 보살과 함께 권속이 되며 모든 여래

---

124) 오도(五道) : 지옥, 아귀, 축생, 수라, 인간계의 다섯 세계.

께서 항상 그를 향해 법을 설하시기에 능히 듣고 다 받아서 순히 좇아 거역하지 않아 다시 사람들을 위해 마땅하게 널리 설하리라.

선남자여, 이 사람은 비유하건대 국왕과 왕비가 새로 왕자를 낳음과 같아서 하루, 이틀 혹은 이레에 이르거나 한 달, 두 달 혹은 일곱 달에 이르고 한 살, 두 살 혹은 일곱 살이 되어 비록 나랏일을 맡아 다스리지는 못할지라도 신하와 백성에게 이미 숭상과 공경을 받게 되니 모든 대왕의 아들과 함께 짝을 짓게 되는 것과 같음이라.

왕과 왕비의 사랑하는 마음이 치우쳐서 항상 이같이 말하리니, 어찌하여 그러한고? 그것은 왕손이기 때문이니라. 선남자여, 부처님 경전을 지니는 이 또한 이와 같아서 모든 부처님은 국왕이요 부처님 경전은 왕비라 둘이 화합해서 불보살의 아들을 낳느니라.

만일 이 보살이 부처님 경전을 얻어들어 한 게송이나 한 구절이라도 한두 번 전하거나 혹은 백 천만이나 억만, 더 나아가 항하사 한량없이 수없이 전한다면, 비록 궁극의 진리는 체득하지 못해 삼천대천의 국토를 진동시키고 우레 같은 법음으로 대법륜을 설하지는 못할지라도 일체 사중과 팔부[125]의 존앙을 받으리라.

모든 큰 보살이 권속이 되어 모든 부처님의 비밀의 법을 깊이 들어서 설하는 바는 가히 어김이 없고 틀림없으며 항상 모든 부처님께서 보호해주시고 두루 덮어주시리니 이는 새로 배우는 까닭이니라. 선남자여, 이것이 부처님 경전의 넷째 공덕이요 생각으로 미치지 못하는 부사의한 힘이니라.

---

125) 사중(四衆)과 팔부(八部) : 사중은 사부대중의 준말로, 승가의 대중스님인 비구, 비구니, 사미, 사미니를 이른다. (또는 불자 오계를 받은 재가신자인 청신사·청신녀를 포함하기도 한다.) 팔부는 팔부중(衆)이라 하여 불법을 지키는 여덟 무리의 신장(神將)인 천신, 용, 야차, 건달바, 아수라, 가루라, 긴나라, 마후라가를 이른다.

선남자여, 부처님 경전의 다섯 번째 불가사의한 공덕과 힘은 만일 선남자·선여인이 부처님이 세상에 계시거나 혹은 멸도하신 후에 이같은 심히 깊고 위없는 대승의 법화경을 받아 지녀 독송하고 사경한다면, 그가 비록 여러 가지 번뇌에 얽혀 범부의 모든 일에서 멀리 떠나지 못했을지라도 능히 큰 보살도를 보이고 나타내서 하루를 늘여 백겁으로 하고 백겁을 또한 능히 줄여 하루로 하여 중생이 환희하며 완전히 믿을 수 있게 하느니라.

선남자여, 이 선남자·선여인은 비유하건대 용의 아들이 비록 태어난 지 칠일밖에 안 되어도 곧 능히 구름을 일으키거나 비를 내림과 같음이니, 선남자여, 이것이 부처님 경전의 다섯째 공덕이요 부사의한 힘이니라.

선남자여, 부처님 경전의 여섯 번째 불가사의한 공덕의 힘은 만일 선남선녀가 부처님이 세상에 계시거나 멸도하신 후에 부처님 경전을 받아 지녀 읽고 독송한다면, 비록 번뇌를 갖고 있을지라도 중생을 위해 법을 설하여 번뇌·생사를 멀리 떠나보내 일체의 고를 끊게 될 것이며 중생이 불법의 가르침에 따라 닦고 수행하면 법을 얻고 과를 얻고 도를 얻어 부처님 여래와 같이 차별이 없게 하리라.

비유하건대 왕자가 비록 어리고 작을지라도 왕이 멀리 떠나거나 병이 있으면 이 왕자에게 맡겨서 나랏일을 다스리게 함이라, 왕자는 이때 대왕의 명을 받아 법과 같이 모든 백관을 가르치며 영을 내려 바른 법으로 선포하니 나라 백성 모두가 그 편안함을 따르되 대왕이 다스림과 같이하여 다름이 없느니라.

부처님 경전을 지닌 선남선녀 또한 이와 같아 부처님이 세상에 계시거나 멸도하신 후 이 선남자가 비록 초부동지[126)에 머무름을 얻지 못했을지라도 부처님께 의지하여 이와 같은 교법을 쓰고 설하여 이를 널리 펴느니, 중생이 듣고 일심으로 닦고 행하여 번뇌를 끊고 법의 과와 도를 얻게 되리라. 선남자여, 이것이 부처님 경전의 여섯째 공덕이요 부사의한 힘이니라.

선남자여, 부처님 경전의 일곱 번째 불가사의한 공덕과 힘은 선남선녀가 부처님이 세상에 계시거나 멸도하신 후에 부처님 경전을 얻어 듣고 환희하여 믿고 즐겨서 희유한 마음을 내어 받아 지녀 읽고 외우며 사경하고 해설하여, 법과 같이 닦고 행하여 보리심을 내어 모든 선근을 일으키고 대비의 마음을 일으켜 일체 고뇌의 중생을 제도하고자 함이니라.

그리하면 비록 육바라밀을 닦고 행하지 못했을지라도 육바라밀이 스스로 앞에 나타나 곧

---

126) 초부동지(初不動地) : 보살의 수행단계인 10地 중 초지의 환희지(歡喜地)에서 8地의 부동지(不動地)까지를 이른다. 보살십지(菩薩十地)는 부처의 지혜를 생성하고 온갖 중생을 교화하여 이롭게 하는 단계이다(52위 단계 가운데 제41위~제50위까지의 단계).
127) 팔지(八地) 이상 : 보살의 수행단계인 10지 중 ⑧부동지(不動地), ⑨선혜지(善慧地), ⑩법운지(法雲地)의 단계. 10지는 환희지(歡喜地)·이구지(離垢地)·발광지(發光地)·염혜지(焰慧地)·난승지(難勝地)·현전지(現前地)·원행지(遠行地)·부동지(不動地)·선혜지(善慧地)·법운지(法雲地)이다.

죽고 남이 없는 법인을 얻고 생사번뇌를 일시에 끊어 곧 팔지(八地) 이상[127]의 대보살 지위에 오르게 되리라.

비유하건대 힘센 사람이 왕을 위해 원수를 제하여 멸하자 왕이 크게 환희하여 상을 주되 나라 모든 것의 반을 나눠주는 것과 같음이라.

부처님 경전을 지니는 선남선녀 또한 이와 같아 모든 수행자들 중에 가장 용맹하고 굳센 자이니 육바라밀의 법보를 구하지 아니하여도 스스로 이르러 생사의 원적이 자연히 흩어져 무너지고 부처님 나라의 불생불멸을 증득하여 상을 받고 안락하리라. 선남자여, 이것이 부처님 경전의 일곱째 공덕이요 부사의한 힘이니라.

선남자여, 부처님 경전의 여덟 번째 불가사의한 공덕과 힘은 만일 선남선녀가 부처님이 세상에 계시거나 혹은 멸도하신 후에 능히 부처님 경전을 얻은 이가 있다면 그를 공경하고 믿기를 부처님을 친견하듯 다름이 없게 하느니라.

부처님 경전을 사랑하고 받들어 받아 지녀서 읽고 외우고 사경하고 머리에 이고 법과 같이 즐거이 행하며 계행과 인욕을 견고히 하고 더불어 보시를 행하여 깊이 자비를 일으켜 이 위없는 대승의 무량의경인 부처님 말씀을 중생을 위하여 널리 전하여 설할지니라.

만일 예로부터 지금까지 죄와 복이 있음을 도무지 믿지 않는 이에게 부처님 경전을 보이고 갖가지 방편을 지어 굳세게 교화하여 그로 하여금 믿음을 갖게 한다면, 이 경전의 위력은 그의 신심을 일으켜 홀연히 깨닫게 할 것이며 만일 이미 신심을 일으켰다면 용맹정진하는 까닭으로 능히 부처님 경전의 위덕과 세력을 얻어 도를 얻고 과를 얻게 되리라.

이런 까닭에 선남선녀가 교화를 입는 공덕으로 남자든 여자든 곧 몸에 무생법인을 얻어 깨달음의 높은 지위에 이르게 되고 모든 보살과 함께 권속이 되어, 능히 중생을 속히 성취시켜 부처님 국토를 깨끗이 하고 오래지 않아 무상보리를 이룩하게 되리라. 선남자여, 이것이 부처님 경전의 여덟째 공덕이요 부사의한 힘이니라.

선남자여, 부처님 경전의 아홉 번째 불가사의한 공덕과 힘은 만일 선남선녀가 부처님이 세상에 계시거나 멸도하신 후 부처님 경전을 얻게 되어 기뻐서 펄쩍뛰며 환희하여 미증유를 얻고 받아 지녀 읽고 외우고 사경하고 공양하며 널리 여러 사람을 위하여 부처님 경전의 뜻을 잘 해설하는 이는, 곧 전세의 업장과 다른 죄의 무거운 장애가 일시에 다 멸함을 얻고 청정함을 얻으며 속히 큰 변설을 얻어 점차 모든 바라밀로 장엄하고 모든 삼매를 얻으리라.

그리하여 큰 총명한 지혜의 문에 들어서서 용맹정진의 득력으로 속히 최고의 수행지를 증득하여 널리 시방국토에 몸을 나누어 일체 이십오유세계의 극히 괴로운 중생을 구원하여 모두 다 해탈하게 하리라. 이런 까닭에 부처님 경전은 이런 힘이 있나니, 선남자여, 이것이 부처님 경전의 아홉째 공덕이요 부사의한 힘이니라.

　선남자여, 부처님 경전의 열 번째 불가사의한 공덕과 힘은 만일 선남선녀가 부처님이 세상에 계시거나 멸도하신 후에 부처님 경전을 얻고서 큰 환희를 일으키며 희유한 마음을 내어 스스로 받아 지녀서, 읽고 외우고 사경하고 공양하며 설함과 같이 닦고 행하며 재가든 출가든 널리 권하여 받아 지녀 읽고 외우고 사경하고 공양하고 해설하며 법과 같이 닦고 행하게 한다면, 이미 다른 사람에게 부처님 경전을 닦고 행하도록 한 힘의 연고로 도를 얻고 과를 얻으리라.

이 선남선녀의 자비로운 마음으로 부지런히 교화하는 힘에 의해 그는 곧 이 육신의 몸으로 한량없는 모든 다라니 문을 얻고 범부지에서 처음부터 무량한 아승지의 넓고 큰 서원과 능히 일체 중생을 구하려는 마음을 깊이 일으키니라.

또한 대자비를 성취하여 능히 모든 고를 뽑아내 많은 선근이 모여 널리 일체를 이익 되게 하며, 법의 윤택함을 설하여 목마름을 널리 적시면서 능히 법의 약을 모든 중생에게 베풀어 일체를 안락하게 하고 점차 자연히 법운지[128]를 증득하여 고통에 빠진 괴로운 중생을 자비로써 이끌어 도의 자취를 밟아 들어가게 하느니라.

---

128) 보살십지의 마지막 경지.
129) 아뇩다라삼먁삼보리(阿耨多羅三藐三菩提) : 위없는 완전한 최고의 깨달음. 아뇩다라는 무상(無上), 삼먁삼보리는 정변지(正遍智) 또는 정등정각(正等正覺)이라 번역한다. 아뇩다라삼먁삼보리는 초기불전 원어인 빠알리어의 '아눗따라 삼마삼보디(anuttarā-sammāsaṃbodhi)'와 범어인 산스크리트의 '아눗따라 삼먁 삼보디(anuttarā-samyak-saṃbodhi)'의 음역이다.

이런 까닭으로 그는 오래잖아 아뇩다라삼먁삼보리[129]를 얻으리니, 선남자여 이것이 부처님 경전의 열째 공덕이요 부사의한 힘이니라.

선남자여, 이와 같이 위없이 높고 존귀한 불교경전의 큰 위신력은 모든 범부가 모두 다 도과(道果)를 이룩하여 영원히 생사를 여의고 자유자재를 얻게 하는 까닭으로 부처님 경전의 이름을 무량의라 하노니, 능히 일체 중생에게 범부지에서 모든 보살의 한량없는 도의 싹이 나오도록 공덕의 나무가 울창하고 무성하게 자라나게 하는 불가사의한 공덕과 힘을 지녔다고 하느니라.

이때 대장엄 보살마하살과 팔만의 보살마하살이 같은 소리로 부처님께 말씀드렸나이다.

"세존이시여! 부처님께서 설하신 심히 깊고 미묘하고 위없는 대자대비 지혜의 경은 문리가 진정하고 존귀함이 위가 없나이다. 삼세의 모든 부처님께서 함께 수호하셔서 모든 마와 여러 외도가 들어올 수 없고 일체의 사견과 생사에도 무너지거나 패하지 아니 하나이다."

# 묘법연화경 방편품 제이
## 妙 法 蓮 華 經 方 便 品 第 二

**이시세존 종삼매 안상이기 고사리불 제불지혜**
爾 時 世 尊 從 三 昧 安 詳 而 起 告 舍 利 弗 諸 佛 智 慧

**심심무량 기지혜문 난해난입 일체성문 벽지불**
甚 深 無 量 其 智 慧 門 難 解 難 入 一 切 聲 聞 辟 支 佛

**소불능지 소이자하 불증친근 백천만억 무수제불**
所 不 能 知 所 以 者 何 佛 曾 親 近 百 千 萬 億 無 數 諸 佛

**진행제불 무량도법 용맹정진 명칭보문 성취심심**
盡 行 諸 佛 無 量 道 法 勇 猛 精 進 名 稱 普 聞 成 就 甚 深

　그때 세존께서 조용히 삼매에서 일어나시어 사리불에게 이르시길, "모든 부처님의 지혜는 심히 깊고 깊어 한량없으며, 그 지혜의 문은 일체의 성문이나 벽지불은 가히 이해하기도 어렵고 또 들어가기도 어려워서 알 수 없느니라. 왜냐하면 붓다는 일찍부터 백 천만 억의 무수한 부처님을 친근하여 여러 부처님의 한량없는 도법[130]을 모두 행하시고, 용맹정진으로 매우 깊고 일찍이 없던 법을 성취하여 그 명성이 널리 알려졌느니라.

---

130) 도법(道法) : 삼십칠 보리도법(37菩提道法)을 이르며, 도법은 깨달음의 길(열반)인
　　　참선수행을 말한다. ☞ 삼십칠 보리도법은 p122, 주138 참조.

**미증유법 수의소설 의취난해 사리불 오종성불이래**
未曾有法 隨宜所説 意趣難解 舍利弗 吾從成佛已來

**종종인연 종종비유 광연언교 무수방편 인도중생**
種種因緣 種種譬喩 廣演言教 無數方便 引導衆生

**영리제착 소이자하 여래방편 지견바라밀 개이구족**
令離諸著 所以者何 如來方便 知見波羅蜜 皆已具足

**사리불 여래지견 광대심원 무량 무애력 무소외**
舍利弗 如來知見 廣大深遠 無量 無碍力 無所畏

**선정해탈삼매 심입무제 성취일체 미증유법 사리불**
禪定解脱三昧 深入無際 成就一切 未曾有法 舍利弗

　　일찍이 없던 법을 성취한 이 법은 마땅한 바의 근기에 따라 설하신 매우 깊은 법이므로 그 뜻을 알기는 매우 어려우니라. 사리불이여, 내가 성불한 뒤로 가지가지 인연과 비유로 널리 가르침을 폈으며, 무수한 방편으로 중생들을 인도하여 모든 집착을 여의도록 하였으니, 그 까닭은 여래는 방편바라밀과 지견바라밀을 이미 다 구족하였기 때문이니라. 사리불이여, 여래의 지견은 광대하고 심원하여, 사무량심[131]과 사무애변[132]과 십력[133], 그리고 사무소외[134]와 선정·해탈·삼매에 깊이 들어, 지금까지 한 번도 있어 본 적 없는 온갖 미증유한 법을 성취하였느니라.

---

131) 사무량심(四無量心) : 네 가지 끝없는 마음인 자(慈)·비(悲)·희(喜)·사(捨).
132) 사무애변(四無礙辯) : 네 가지 걸림 없는 이해와 표현능력.
　　①법무애(法無礙) : 가르침의 글귀나 문장에 막힘이 없는 것, ②의무애(義無礙) : 가르침의 뜻에 막힘이 없는 것, ③사무애(辭無礙) : 언어를 넘어 어떤 중생에게도 막힘이 없는 것, ④요설무애(樂説無礙) : 설법에 막힘이 없는 것.

여래 능종종분별 교설제법 언사유연 열가중심
如來　能種種分別　巧說諸法　言辭柔軟　悅可衆心

사리불 취요언지 무량무변 미증유법 불실성취
舍利弗　取要言之　無量無邊　未曾有法　佛悉成就

지사리불 불수부설 소이자하 불소성취 제일희유
止舍利弗　不須復說　所以者何　佛所成就　第一希有

난해지법 유불여불 내능구진 제법실상 소위제법
難解之法　唯佛與佛　乃能究盡　諸法實相　所謂諸法

여시상 여시성 여시체 여시력 여시작 여시인
如是相　如是性　如是體　如是力　如是作　如是因

여시연 여시과 여시보 여시본말구경등。
如是緣　如是果　如是報　如是本末究竟等。

　사리불이여, 여래는 능히 여러 가지의 종류에 따라 여러 법을 정교하고 절묘하게 잘 분별하여 설하되 말씨는 순하고 부드러워 중생의 마음을 기쁘게 하느니라. 사리불아, 요긴한 요점만 들어 말하면 한량없고 가없는 미증유한 법을 부처님은 모두 성취하였느니라. 그만두어라, 사리불아. 구태여 다시 말할 바가 없느니라.

　왜냐하면 부처님이 성취한 바는 제일 희유하고 이해하기 어려운 법이니, 오직 부처님만이라야 제법실상(모든 법의 실상)을 다 깨달아 아시기 때문이니라. 이른바 모든 법은 이와 같은 형상이며, 이와 같은 성품이며, 이와 같은 바탕이며, 이와 같은 힘이며, 이와 같은 작용이며, 이와 같은 원인이며, 이와 같은 조건이며, 이와 같은 결과이며, 이와 같은 받은 상태이며, 이와 같은 처음과 끝이 구경에는 다 같음이니라."135)

고제성문중 급구연각승 아령탈고박 체득열반자
告 諸 聲 聞 衆　及 求 緣 覺 乘　我 令 脫 苦 縛　逮 得 涅 槃 者

불이방편력 시이삼승교　중생처처착 인지령득출
佛 以 方 便 力　示 以 三 乘 敎　衆 生 處 處 著　引 之 令 得 出

제불세존 욕령중생 개불지견 사득청정고 출현어세
諸 佛 世 尊　欲 令 衆 生　開 佛 智 見　使 得 淸 淨 故　出 現 於 世

욕시중생　불지지견고　출현어세　욕령중생
欲 示 衆 生　佛 之 智 見 故　出 現 於 世　欲 令 衆 生

오불지견고 출현어세 욕령중생　입불지견도고
悟 佛 智 見 故　出 現 於 世　欲 令 衆 生　入 佛 智 見 道 故

출현어세 사리불 시위제불 이 일대사인연고
出 現 於 世　舍 利 弗　是 爲 諸 佛　以　一 大 事 因 緣 故

출현어세。
出 現 於 世。

　여러 성문과 연각승을 구하는 사람에게 이르노니, 내가 고통의 속박으로부터 해탈케 해서 열반을 얻게 하리니 부처님이 방편의 힘에 따라 삼승의 교법136)을 보였거늘, 중생들이 가는 곳마다 집착하므로 그들을 인도하여 벗어나게 하느니라. 모든 부처님 세존들께서는 중생으로 하여금 부처님의 지견을 열어서 청정케 하려는 까닭으로 세상에 출현하시며, 중생에게 부처님의 지견을 보이려는 까닭으로 세상에 출현하시며, 중생으로 하여금 부처님의 지견을 깨닫게 하고자 세상에 출현하시며, 중생으로 하여금 부처님 지견의 도에 들게 하려는 까닭으로 세상에 출현하시느니라. 사리불이여, 이러한 일대사 인연의 까닭으로 모든 부처님께서 세상에 출현하시는 바이니라.

유불자심정 유연역이근 무량제불소
有佛子心淨 柔軟亦利根 無量諸佛所

이행심묘도 위차제불자 설시대승경。
而行深妙道 爲此諸佛子 說是大乘經。

아기여시인 내세성불도 이심심염불
我記如是人 來世成佛道 以深心念佛

수지정계고 차등문득불 대희충편신
修持淨戒故 此等聞得佛 大喜充遍身

불지피심행 고위설대승 성문약보살
佛知彼心行 故爲說大乘 聲聞若菩薩

문아소설법 내지어일게 개성불무의。
聞我所說法 乃至於一偈 皆成佛無疑。

　불자로서 마음이 청정하고 부드러우며 총명하여 한량없는 부처님의 도량에서 깊고 미묘한 도를 수행하면 이런 불자들에게는 대승경전을 말하며, 여래는 이와 같은 사람에게 오는 세상에 성불하리라 하고 수기하노니, 마음 깊이 염불하고 청정한 계행 닦아 지니기 때문이니라. 이 같이 성불한다는 말을 들으면 온몸에 큰 기쁨이 충만하리니, 부처님께서는 그 마음을 알고서 이 대승을 설하느니라. 아라한을 지향하는 성문이거나 불도를 닦는 보살이거나 그 누구든 내가 설하는 바의 법을 이에 한 게송만 들을지라도 모두 다 성불하리니 추호도 의심하지 말지어다.

133) 십력(十力) : 부처님이 지닌 열 가지 지혜의 힘(능력).

　　①처비처지력(處非處智力) : 도리에 맞는 일과 맞지 않는 일을 가리는 능력.

　　②업이숙지력(業異熟智力) : 업의 원인과 그 과보의 관계를 여실히 아는 능력.

　　③정려해탈등지등지지력(靜慮解脫等持等至智力) : 사선(四禪)·팔해탈(八解脫)·세 가지 삼매(三三昧)·팔등지(八等至) 등의 선정을 아는 능력.

　　④근상하지력(根上下智力) : 중생 근기의 상하·우열을 아는 지혜의 능력.

　　⑤종종승해지력(種種勝解智力) : 중생의 의욕과 성품과 경향 등을 아는 능력.

　　⑥종종계지력(種種界智力) : 중생과 제법의 본성을 아는 능력.

　　⑦변취행지력(遍趣行智力) : 중생을 육도 중생계에 태어나게 하는 원인과 결과를 두루 아는 능력.

　　⑧숙주수념지력(宿主隨念智力) : 중생의 과거생을 아는 능력.

　　⑨사생지력(死生智力) : 중생의 죽음과 삶을 아는 능력.

　　⑩누진지력(漏盡智力) : 스스로 번뇌를 끊고, 열반에 도달할 수단을 아는 능력.

134) 사무소외(四無所畏) : 설법함에 있어서 두려움을 느끼지 않는 네 가지 능력.

　　①정등각무외(正等覺無畏) : 일체 법을 깨달았다고 말하는 것에 두려움이 없음.

　　②누영진무외(漏永盡無畏) : 번뇌를 모두 끊었다고 말하는 것에 두려움이 없음.

　　③설장법무외(說障法無畏) : 끊어야 할 번뇌에 대해 말하는 것에 두려움이 없음.

　　④설출도무외(說出道無畏) : 번뇌를 끊는 도에 관해 말하는 것에 두려움이 없음.

135) 모든 법의 실상은 이러한 십여시(十如是)를 갖추고 있다는 말이다. 십여시란 온갖 만물의 이치와 법은 상(相·모습), 성(性·본래 지니고 있는 성질), 체(體·본체·相과 性의 본질), 력(力·잠재적·본능적 능력), 작(作·작동), 인(因·직접적 조건), 연(緣·간접적 조건), 과(果·인연에 의한 결과), 보(報·결과가 생긴 상태), 본말구경등(本末究竟等·본체와 현상이 궁극에는 평등한 것)의 십여시가 법계 속에 서로 갖추어져 있어서, 이를 전개하면 중중무진 인드라망의 삼천대천세계가 펼쳐져 한 생각에 온 세계가 갖추어진다는 뜻이다. 그리고 '구경(究竟)'은 십여시에서는 사리(事理)의 마지막, 필경이라는 뜻이지만, 일반적으로는 가장 지극한 깨달음이라는 뜻도 지닌다.

136) 삼승의 교법(三乘法) : 성문승·연각승·보살승의 가르침을 말한다. 성문승은 아라한의 길을, 연각승은 벽지불(빠쳇까붓다·작은 부처님)의 길을 가는 분이다. 보살승은 너와 나를 구분하지 않는 평등심의 깨침과 오신통을 갖추고, 삼마삼붓다(無上正等覺·석가모니와 같으신 큰 부처님, 즉 천상천하 유일무이한 완전한 깨달음과 신통력을 얻은 분)의 길을 가는 바라밀행을 하는 분을 이른다.

# 묘법연화경 여래수량품
### 妙法蓮華經 如來壽量品
# 제십육 자아게
### 第十六 自我偈

**자아득불래 소경제겁수 무량백천만 억재아승지**
自我得佛來 所經諸劫數 無量百千萬 億載阿僧祇

**상설법교화 무수억중생 영입어불도 이래무량겁**
常說法教化 無數億衆生 令入於佛道 爾來無量劫

**위도중생고 방편현열반 이실불멸도 상주차설법**
爲度衆生故 方便現涅槃 而實不滅度 常住此說法

**아상주어차 이제신통력 영전도중생 수근이불견**
我常住於此 以諸神通力 令顚倒衆生 雖近而不見

　내가 성불하여 오기까지 백 천만 억 아승지겁의 헤아릴 수 없는 세월을 경과하는 동안 무수한 중생에게 항상 설법하고 교화하여 불도에 들게 한 것이 한량없는 세월이었으며, 그 후 열반을 보이지만 이는 중생을 제도하기 위한 방편으로 열반을 보인 것일 뿐, 실제로는 멸도(열반)하지 않고 항상 이곳 중생 곁에 머물러 있느니라. 나는 항상 이곳에 머물러 모든 신통력으로 전도몽상의 중생으로 하여금 비록 가까이 있으나 보지 못하게 하느니라.

중견아멸도 광공양사리 함개회연모 이생갈앙심
衆見我滅度 廣供養舍利 咸皆懷戀慕 而生渴仰心

중생기신복 질직의유연 일심욕견불 부자석신명
衆生既信伏 質直意柔軟 一心欲見佛 不自惜身命

시아급중승 구출영취산 아시어중생 상재차불멸
時我及衆僧 俱出靈鷲山 我時語衆生 常在此不滅

이방편력고 현유멸불멸 여국유중생 공경신요자
以方便力故 現有滅不滅 餘國有衆生 恭敬信樂者

아부어피중 위설무상법 여등불문차 단위아멸도
我復於彼中 爲説無上法 汝等不聞此 但謂我滅度

아견제중생 몰재어고뇌 고불위현신 영기생갈앙
我見諸衆生 沒在於苦惱 故不爲現身 令其生渴仰

　중생들이 내가 열반에 드는 것을 보아야 널리 사리에 공양 올리며 연모하는 마음을 품고 갈앙하는 마음을 일으키는 바니라.

　중생이 믿음으로 따르고 바탕이 곧고 뜻이 부드러우며 일념으로 부처님을 보고자 신명을 아끼지 않으면, 이때 나와 뭇 스님들은 함께 영축산에 나와, 내가 중생들에게 설법하기를 "항상 이곳에서 멸하지 않고 머물러 있지만 방편력으로 멸(열반)과 불멸이 있음을 나타내느니라." 다른 세계 중생도 공손히 공경하며 믿고 좋아하는 이가 있으면, 내가 다시 그 가운데에서 위없는 법을 설하건만 너희들은 이를 듣지 못하므로 단지 내가 멸도했다고만 여기느니라.

　내가 모든 중생을 보니 고통과 괴로움의 바다에 빠져 있는 까닭에 짐짓 몸을 나타내지 아니하고 그들로 하여금 갈앙하는 마음을 나게 하여,

**인기심연모 내출위설법 신통력여시 어아승지겁**
因其心戀慕 乃出爲説法 神通力如是 於阿僧祇劫

**상재영취산 급여제주처 중생견겁진 대화소소시**
常在靈鷲山 及餘諸住處 衆生見劫盡 大火所燒時

**아차토안은 천인상충만 원림제당각 종종보장엄**
我此土安隱 天人常充滿 園林諸堂閣 種種寶莊嚴

**보수다화과 중생소유락 제천격천고 상작중기악**
寶樹多華菓 衆生所遊樂 諸天擊天鼓 常作衆伎樂

**우만다라화 산불급대중 아정토불훼 이중견소진**
雨曼陀羅華 散佛及大衆 我淨土不毀 而衆見燒盡

**우포제고뇌 여시실충만 시제죄중생 이악업인연**
憂怖諸苦惱 如是悉充滿 是諸罪衆生 以惡業因緣

그로 인해 연모의 마음을 일으킬 때 나타나 법을 설하노라. 나의 신통력은 이와 같아서 헤아릴 수 없는 세월인 아승지겁이 다하도록, 항상 머물고 있는 영축산과 다른 모든 곳에 있노라. 중생이 겁이 다하여 큰불이 일어나 온 세상을 태울지라도, 나의 이 국토는 안온하여 항상 천인이 가득하며 정원과 모든 당각은 가지가지 보배로 장엄되고, 보배나무에는 꽃과 열매가 가득하여 중생이 즐거이 노닐 곳이니라. 모든 하늘이 천고(天鼓)를 치고 온갖 기악을 연주하며, 만다라 꽃비를 내려 부처님과 대중 위에 흩뿌리노라.

나의 정토는 훼손되지 않건만, 중생은 불길에 타들어가니 근심과 두려움과 괴로움이 넘침을 보느니라. 이런 죄 많은 중생은 악업의 인연으로

과아승지겁 불문삼보명 제유수공덕 유화질직자
過阿僧祇劫 不聞三寶名 諸有修功德 柔和質直者

즉개견아신 재차이설법 혹시위차중 설불수무량
則皆見我身 在此而説法 或時爲此衆 説佛壽無量

구내견불자 위설불난치 아지력여시 혜광조무량
久乃見佛者 爲説佛難値 我智力如是 慧光照無量

수명무수겁 구수업소득 여등유지자 물어차생의
壽命無數劫 久修業所得 汝等有智者 勿於此生疑

당단령영진 불어실불허 여의선방편 위치광자고
當斷令永盡 佛語實不虚 如醫善方便 爲治狂子故

실재이언사 무능설허망 아역위세부 구제고환자
實在而言死 無能説虚妄 我亦爲世父 救諸苦患者

아승지겁이 지나도록 삼보의 이름조차 듣지 못하지만, 모든 공덕을 닦아 유순하고 온화하며 바탕이 곧은 이는, 나의 몸이 곧 여기에 있어 설법함을 보느니라.

때로는 이런 중생 위해 "부처님 수명은 한량없다"고 말하고, 부처님을 오랫동안 못 뵈어온 이에게는 "부처님 만나 뵙기는 어렵다"고 설하느니라. 나의 지혜의 힘이 이와 같아 지혜의 광명 또한 한없이 비추며 수명 또한 한량없나니 오랫동안 바라밀(보살행)의 업을 닦아 증득한 바이니라. 너희들 지혜 있는 이는 이에 대하여 의혹을 품지 말고 마땅히 모든 죄업을 영원히 끊어낼지니, 부처님 말씀은 진실하여 헛됨이 없느니라.

마치 의원이 뛰어난 방편을 사용해 실성한 아들을 고치기 위하여 살아있건만 죽었다고 말하나니 이를 허망한 말이라 할 수 없듯이, 여래 또한 세상의 아버지로서 모든 고통 받고 아픈 이들을 구원하는 분이시라,

**위범부전도 실재이언멸 이상견아고 이생교자심**
爲 凡 夫 顚 倒 實 在 而 言 滅 以 常 見 我 故 而 生 憍 恣 心

**방일착오욕 타어악도중 아상지중생 행도불행도**
放 逸 著 五 欲 墮 於 惡 道 中 我 常 知 衆 生 行 道 不 行 道

**수응소가도 위설종종법 매자작시의 이하령중생**
隨 應 所 可 度 爲 說 種 種 法 每 自 作 是 意 以 何 令 衆 生

**득입무상혜 속성취불신。**
得 入 無 上 慧 速 成 就 佛 身。

전도(顚倒)된 중생의 마음을 바로잡기 위해 거짓으로 멸도했다고 말하느니라. 여래를 항상 보게 되면 교만하고 방자해져서 게을러 나태해지고 오욕락137)에 집착해 악도 한가운데에 떨어지기 때문이니라.

여래는 항상 중생이 참선수행의 도를 행하고 행하지 않음을 알아, 제도할 바에 맞춰 갖가지 법을 설하노라. 매양 스스로 "어떻게 해야 중생들로 하여금 위없는 지혜를 얻어 속히 성불138)하게 할 수 있을까?" 하는 생각뿐이니라.139)

---

137) 오욕락(五慾樂) : 인간의 다섯 가지 본능적 욕망인 재물욕, 애욕, 명예욕, 식욕, 수면욕.
　　①애욕(愛慾) : 원초적 본능인 성욕을 포함하여, 이성이나 자식에 대한 사랑 등의 애착과, 모양과 색깔(色)·소리(聲)·향(香)·맛(味)·촉감(觸)의 오경(五境)에 대한 욕구.
　　②재물욕(財物慾) : 재물에 대한 욕망.
　　③명예욕(名譽慾) : 명예와 권력에 대한 욕망.
　　④식욕(食慾) : 식도락으로 먹는 것이 즐거움인 기본적 욕망.
　　⑤수면욕(睡眠慾) : 마음껏 푹 자고 싶은 욕망.
　　※ 사람에 따라 재물을 바쳐 명예를 얻으려는 이도 있고, 명예나 사랑보다 돈을 추구하는 이, 돈과 명예도 버리고 사랑을 취하는 이 등, 각자가 어디에 기준을 두느냐에 따라 다르다. 길 없는 길을 찾아 떠나는 수행자는 일시적 즐거움인 돈, 명예, 사랑 등 온갖 부귀영화의 오욕락보다는 영원한 행복을 찾는 도 닦는 데 기준을 두다 보니

재물도 권력도 없이도 살고, 그 아무도 알아주지 않아도 언제나 자유롭게 산다.

138) 위없는 지혜를 얻어 속히 성불 : 부처님은 최상의 지혜로 인도하는 깨달음의 법은 '삼십칠보리도법(37菩提道法)'이라고 말씀하셨다.

"그것은 사념처(4가지 알아차림의 수행), 사정근(4가지 바른 노력), 사여의족(4가지 성취수단), 오근(5가지 기능), 오력(5가지 힘), 칠각지(7가지 깨달음의 구성요소), 팔정도(8가지 구성요소의 성스러운 도)인 '삼십칠보리도법(37菩提道法)'을 말하노라." (『대반열반경』, D16)

※ 칠각지(七覺支) : 깨달음의 일곱 가지 요소로, 수행이 깊어질수록 그 내용을 확연히 체험할 수 있게 된다. 수행의 점검에 있어서 칠각지의 내용은 매우 중요하다.

①염각지(念覺支) : 항상 마음을 챙기고 알아차림.

②택법각지(擇法覺支) : '법(담마·dhamma)'은 다양한 뜻을 지닌다. '택법(법을 간택)'은 이 마음과 몸의 집합에 대한, 뿐만 아니라 일체의 조건지어진 것들과 구성부분들에 대한 조사 또는 분석을 뜻한다.

③정진각지(精進覺支) : 활기찬 정진력.

④희각지(喜覺支) : 기쁨 또는 환희를 얻는 것.

⑤경안각지(輕安覺支) : 몸이 가볍고 마음이 고요한 경지.

⑥정각지(定覺支) : 집중의 힘으로 이룬 일념삼매의 경지.

⑦사각지(捨覺支) : 마음이 모든 경계에 평등하여 '나·너', '싫다·좋다' 등의 치우친 마음이 없이 평온한 경지.

139) 『法華三昧懺儀』에는 '安樂行品讀誦及全品讀誦'으로 되어 있음.

# 부처님 오도감흥송
### 佛 陀 悟 道 感 興 頌

한량없는 세월의 생사윤회 속에서
이 집짓는 이[140]를 찾으려
얼마나 많은 생을 달려왔던가.
그러나 찾지 못하고
거듭되는 태어남은 괴로움이었네.


아, 집짓는 이여! 드디어 그대를 알았노라!
이제 다시는 집을 짓지 못하리.
기둥은 무너졌고 서까래는 부서졌기에.
마음은 업의 형성을 여의고
갈애의 부숨을 성취했노라.           (법구경 153.154. 게송)

---

생사유무량　왕래무단서　구어옥사자　수수수포태
生 死 有 無 量　往 來 無 端 緒　求 於 屋 舍 者　數 數 受 胞 胎

이관차옥　경불조사　양잔이괴　대각최절　심이리행　중간이멸
以 觀 此 屋　更 不 造 舍　梁 棧 已 壞　臺 閣 摧 折　心 已 離 行　中 間 已 滅

---

140) 집짓는 이 : 윤회를 집으로 비유하셨는데, 집은 인간을 구성하는 사대원소인 지·수·
　　화·풍(地水火風)과 오온(色·受·想·行·識)을 뜻한다. 집을 짓는 이란 갈애(渴愛 :
　　애착·집착)를 가리킨다.

아네까자띠쌍싸랑　　짠다빗쌈　　아닙비쌍
anekajātisaṃsāraṃ　　sandhāvissaṃ　　anibbisaṃ |

가하까라깡　가베산또　둑카　자띠　뿌납뿌남
gahakārakaṃ　gavesanto　dukkhā　jāti　punappunaṃ ||

가하까라까　딧토씨　뿌나　게한　나　까하씨
gahakāraka　diṭṭhosi　puna　gehaṃ　na　kāhasi |

쌉바 떼　빠쑤까　박가　가하꾸땅　비쌍카땅
sabbā te　phāsukā　bhaggā,　gahakūṭaṃ　visaṅkhataṃ |

비쌍카라가딴　찟딴　딴하낭　카얌　앗자가
visaṅkhāragataṃ　cittaṃ,　taṇhānaṃ　khayam　ajjhagā ||

---

[ 빠알리어 문법해설 ]

'아누스와라'라고 불리는 'ṃ'은 뒤에 오는 계열음에 따라 소리가 달라진다. 예를 들어 후음 반모음, 마찰음 등의 앞에서는 'ㅇ(예 : 랑)', 순음, 모음 앞이나 문장 끝에서는 'ㅁ(예 : 쌈)', 치음 앞에서는 'ㄴ(예 : 딴)' 등으로 다양하게 일종의 동화현상을 일으켜 말하기 편하게 발음된다. 일례로, 윤회(saṃsāra)는 '쌍싸라'라고 발음해야 한다. 쌍싸라의 'ṃ'은 마찰음인 '싸' 앞에서는 'ㅇ'으로 발음되기 때문이다.

그리고 'y'와 'v'는 일반적으로 영어처럼 발음되지만, 그 앞에 자음이나 모음이 올 경우는 각기 발음이 달라진다. 일례로, 'aya'는 '아야'로, 'tya'는 '띠야'로 발음하고 표기한다. 'ava'의 경우는 정확한 발음은 '아봐'인데, 일반적으로 번거로움을 피해 '아바'로 적지만, 독송용으로는 정확히 '아봐'로 표기한다. 그러나 'tva'는 '뜨와'로 발음해야 한다.

's'의 'ㅅ' 발음은 산스크리트에서는 쓰이지만, 빠알리어에서는 모두 '씨'으로 통일해 쓰인다. 또한 모음의 '장음표기'는 일반적으로 단모음의 한 배 반 정도 길이이므로 표기를 안 해도 무관하다.

　　　　— 빠알리어·한글 표기 및 문법해설 : 전재성 박사(한국빠알리성전협회 회장) —

# 보탑게
寶 塔 偈

　부처님 경전은 지니기 어렵나니, 만약 잠깐이라도 지니는 자이면 내가 곧 기뻐하고 즐거워하며, 모든 부처님께옵서도 그러하시니라. 이같은 사람은 모든 부처님께서 칭찬하시는 바이며 이것이 곧 용맹이며, 이것이 곧 정진이며, 이것을 이름하여 계를 가짐이며, 두타행[141]이라 하는 것이니, 곧 위없는 부처님의 지혜를 빨리 증득하게 되느니라.

　능히 오는 세상에 부처님 경전을 읽고 지니면, 이는 곧 참된 불자로 순박하고 좋은 지위에 머물며, 부처님이 멸도한 뒤에 능히 그 뜻을 이해하면 이는 모든 하늘과 사람과 세간의 눈이며, 무섭고 두려운 세상에 능히 잠깐이라도 설하면 일체 하늘과 사람이 모두 마땅히 공양하리라.[142]

141) 두타행(頭陀行) : 출가수행자가 세속의 모든 욕망을 떨쳐버리기 위해 고행을 하는 수행
법 중 하나. 구체적 방법으로는 13두타행이 있다. ①분소의(버려진 옷감으로 만든 옷)
만을 입는다(着弊衲衣), ②삼의(三衣 : 重衣·上衣·內衣)만 수용한다(但三衣), ③탁발
한 음식만 수용한다(常行乞食), ④빈부를 가리지 않고 하루에 일곱 집만 차례로 찾아
가 탁발하며, 만일 음식을 얻지 못했을 경우에는 굶는다(次第乞食), ⑤한자리에서 한
번만 먹는다(受一食法), ⑥적은 양이라도 발우에 담긴 음식만 먹는다(節量食), ⑦나중
에 얻은 음식은 먹지 않는다(後得不食), ⑧숲에서만 지낸다(在阿蘭若處), ⑨나무 아래
에서만 머문다(樹下止), ⑩노지에서만 머문다(路地座), ⑪무상관(無常觀)을 닦기 위해
묘지에서만 머문다(塚間住), ⑫배정된 처소에서만 머문다, ⑬눕지 않고 앉아서 정진한
다(長坐不臥).

142) 차경난지 약잠지자 아즉환희 제불역연
此經難持 若暫持者 我則歡喜 諸佛亦然

여시지인 제불소탄 시즉용맹 시즉정진
如是之人 諸佛所歎 是則勇猛 是則精進

시명지계 행두타자 즉위질득 무상불도
是名持戒 行頭陀者 則爲疾得 無上佛道

능어래세 독지차경 시진불자 주순선지
能於來世 讀持此經 是眞佛子 住淳善地

불멸도후 능해기의 시제천인 세간지안
佛滅度後 能解其義 是諸天人 世間之眼

어공외세 능수유설 일체천인 개응공양
於恐畏世 能須臾說 一切天人 皆應供養

# 실상참회문
## 實相懺悔文

일체업장해　개종망상생　약욕참회자
一切業障海　皆從妄想生　若欲懺悔者

단좌념실상　중죄여상로　혜일능소제
端坐念實相　重罪如霜露　慧日能消除

죄무자성종심기　심약멸시죄역망
罪無自性從心起　心若滅時罪亦亡

죄망심멸양구공　시즉명위진참회
罪亡心滅兩俱空　是卽名謂眞懺悔

아석소조제악업　개유무시탐진치
我昔所造諸惡業　皆由無始貪嗔痴

종신구의지소생　일체아금개참회
從身口意之所生　一切我今皆懺悔

---

　바다 같은 일체 업의 장애는 모두 망상에서 일어났느니, 만약 참회하고자 하는 이는 단정히 앉아 실상을 염하라. 모든 죄는 서리와 이슬 같아서, 지혜의 빛으로 능히 사라지니라. (『관보현경』)

　죄는 스스로의 성품이 없어서 마음 따라 일어날 뿐, 그 마음을 비우면 죄 또한 사라지네. 죄가 사라지고 마음이 멸하여 모두가 공(空)이 되면, 이것을 일컬어 진정한 참회라 하노라. (『천수경』)

　제가 옛날부터 지었던 온갖 악업들은 모두 다 시작도 끝도 없는 과거로부터의 탐냄과 성냄과 어리석음에서 비롯되고, 육체적·언어적·정신적 행위로부터 일어나는 바, 저는 이제 일체 모두를 다 참회하나이다. (『율장입지게』)

# 정대게
### 頂 戴 偈

불멸도후 불제제자 약유참회 악불선업 단당독송
佛 滅 度 後 佛 諸 弟 子 若 有 懺 悔 惡 不 善 業 但 當 讀 誦

불설경전 무시이래 방법죄장소멸 자종금신지불신
佛 滅 經 典 無 始 已 來 謗 法 罪 障 消 滅 自 從 今 身 至 佛 身

능봉지 해탈삼매지염불 나모붓다사
能 奉 持 解 脫 三 昧 之 念 佛 南 無 佛 陀

계수법화삼매참법  일일문문시진불
稽 首 法 華 三 昧 懺 法 一 一 文 文 是 眞 佛

진불설법리중생  자타일시성불도 (삼배)
眞 佛 說 法 利 眾 生 自 他 一 時 成 佛 道

---

　부처님께서 멸도하신 후에 모든 제자들이 마땅히 부처님의 경전을 읽고 외우면서 만약 참회를 한다면, 지금에 이르기까지 시작도 없이 계속해온 착하지 못한 악업과 법을 비방한 죄의 업장이 모두 소멸되나니, 이 몸으로부터 부처의 몸이 될 때까지 해탈삼매의 염불인 '나모붓다사'[143]를 능히 받들어 지니겠나이다.

　머리를 조아리며 『법화삼매참법』에 예경드리옵나니, 이 기도경은 하나하나의 문자가 참된 부처님의 말씀이요, 진실한 부처님의 설법으로서, 참으로 중생들에게 이익이 되나이다. 모두 다 성불하여지이다.

143) 나모붓다사 : '부처님께 귀의합니다'라는 뜻이며, 한문으로는 '나무불(南無佛)'이
다. 부처님 본래 당시의 원어를 사용하는 것이 공덕의 지대함이 있기 때문에, 제일
기본적인 염불은 원어를 사용하는 것이 좋다고 생각한다. 부처님을 계속해서 생각
하면서 '나모붓다사'라고 일심으로 염불하면 그 염불의 공덕으로 항상 천신과 착한
정령에게 보호받고, 모든 위험에서 벗어난다.
염불하는 마음은 신(神)과 사람의 스승인 부처님을 존경하고 순종케 되어 더욱 믿음
이 깊어지고, 선처(善處)로 인도되며, 공덕이 깊어져 예배를 받을 만하게 되고, 천상
에 태어난다. (『법구경』 게송2) 또한 이와 같은 이는 삼매와 통찰지가 깊어지고, 희열
과 기쁨이 커지고, 두려움과 공포를 극복하고, 고통을 감내할 수 있는 힘을 얻게 된
다. 천신과 함께 사는 것 같은 삶을 얻는다.

# 第十 坐禪三昧(좌선삼매)[144]

이 기도의 비밀을 수행하는 이는 경전 독송을 마치고는 마땅히 이어서 좌선(참선)을 해야 하느니, 좌선할 때는 몸을 단정히 하여 등을 곧게 세우고 자연스럽게 앉아서 눈은 감고, 입은 다물며, 마음은 고요하고 편안하게 하면서, 기운과 호흡을 고르게 할지어다. 일체 법은 실체가 없어서 부여잡을 게 없는 공(空)이라고 관(觀)하면, 이를 이름하여 올바른 통찰이라 하노라. ~중략①~ 이 참법을 수행하는 이는 처음 기도도량에 들어가서 『법화삼매참법』의 수행법을 흡족히 갖추어서, 기도법에 맞춰 일심으로 삼칠일을 하루에 여섯 번씩 정진하고, 게으름이 없어야 한다. ~중략②~[145)

---

144) 標題「第十明坐禪實相正觀方法」: 이는 '좌선을 통해 삼매를 얻고 제법실상을 깨치는 방법'이라는 뜻이다. 좌선은 참선을 말한다. 이의 구체적 수행방법은 「십승관법(十乘觀法)」이다. (『法華三昧懺儀解說行事運想補助儀』, 荊溪湛然 著)
그러나 이 책의 마지막 장인 「제10 좌선삼매참선」에는 정작 구체적 수행방법에 대한 설명은 없다. 천태대사의 구체적 수행법으로는 『마하지관』의 「십승관법」을 들 수 있는데, 『마하지관』 10권 중 5~10권까지 할애되어 있다.
이처럼 『마하지관』은 「십승관법」을 다루는 책이라 해도 과언이 아닐 정도로 너무 방대하고 복잡하여 일반인이 접근하기는 쉽지 않다. 이에 본 기도경에서는 수행에 관심 있는 이라면 누구나 쉽게 접할 수 있는 수행법으로 「참선과 염불의 좌선삼매법」만을 간략하게 기술한다.

145) 다음은 중략①②의 원문이다.
중략① : 어떠한 것을 일컬어 일체 법이 공(空)함을 관하는 것이라 하는가? 그 무엇이든 한 생각 일어나면 곧 그르침이니 이를 망념이라 살피는 것을 말하노라. 마음 밖의 갖가지 인연에서 그 마음을 구하고자 한다면 필경 얻지 못할 것이니, 마음은 꿈과 환과 같아서 실제가 아니라 적연하며 허공과 같아, 이름도 없고 형상도 없어 가히 분별함도 없노라. 이때 즉시 수행자가 마음이 바로 생사임을 보지 못한다면, 어찌 마음이 그리고 다른 사람과 더불어 말하거나, 논의하거나, 방일하게 자거나, 눕거나, 놀거나, 웃거나, 색(色)을 보거나, 음악을 듣거나, 모든 세속의 경계에 집착하거나, 좋지 못한 것이나 무기(無記·뚜렷이 기억해 구별하지 못하는 멍한 상태)에 빠지거나 번뇌와 잡념을 일으키지 않고, 관이 염념상속(念念相續·생각마다 생각이 끊이지 않고 이어짐) 돼야 한다. 만약, 이와 같이 부처님 말씀을 거스르지 않으면서 실상을 떠나지 않고 신명을 바쳐 일체 중생을 위해 참회법을 행한다면, 그 무엇을 얻지 못하겠는가! 이것을 가리켜 삼칠일의 진실한 일심정진 수행이라 하노라.[146]

---

곧 해탈열반임을 볼 수 있겠는가. 이미 제법을 통찰하는 바를 얻지 못하고, 또한 능히 통찰함에도 능하지 못한데, 취하지도 않고 버리지도 않으며, 기대지도 않고 집착하지도 않으며, 일체의 생각과 망상은 일어나지 않아 마음이 항상 고요하고 조용하나, 또한 고요하고 조용함에도 머무르지 않나니, 이는 언어도단 i )이라, 가히 말로써 펴지 못하는 바이로다.

비록 마음이 마음의 모습이 아님을 깨달아 얻지 못했으나, 일체의 마음이 또한 마음이 아니라는 법을 분명하게 통달하여서, 일체가 모두 환화(幻化)와 같음을 알아야 하노라. 이것을 일컬어 '무심 ii )의 마음을 통찰함'이라 한다. 법이 법에 머무르지 않으니, 모든 법은 해탈이요 고요하고 고요한 멸성제 iii )로다.

이렇게 참회함을 일컬어 크고 위대한 참회라 하며, 웅장하고 엄숙한 참회라 하며, 죄라는 실체의 형상이 없는 참회라 하며, 마음에 담겨 있는 죄라는 형상의 인식을 깨뜨리고 허물어버리는 진정한 참회라 하노라.

이러한 참회를 행한다면 마음이 마치 흐르는 물과 같아서 법 가운데 머무르지 않을 수 없노라. 무슨 까닭인가 하면, 일체 망상은 거꾸로 뒤집혀져 있는 것이어서, 죄업과 복의 모든 법은 일체가 마음으로부터 일어난 것일 뿐이기 때문이라.

마음을 떠난 바깥은 곧 죄와 복, 그리고 일체법도 없나니, 만약 마음을 관하되 무심(無心)이면, 곧 죄와 복은 주인이 없음을 깨달은 것이로다. 죄와 복의 성품이 공(空)하다는 것을 알면 곧 일체의 법도 모두 공이로다. 이와 같이 관할 때 능히 전도망상 iv )된 일체 생사와 삼독 v )의 지극히 무거운 악업이 깨뜨려지노라.

몸과 마음이 청정하여 생각 생각의 가운데 모든 법을 비추어 깨달아 집착을 여의고 모든 경계에 초연해지나니, 이러한 인연과 더불어 삼매가 상응하여 삼매의 힘 때문에 곧 보현보살과 시방의 부처님을 친견하여 마정설법 vi )을 들을 것이니라.

일체 법문이 한마음 가운데 다 나타나며, 같은 것도 아니며, 다른 것도 아니도다. 이 참법을 수행하는 이는 처음 기도도량에 들어가서 『법화삼매참법』의 수행법을 흡족히 갖추어 여섯 때 모두 이 법을 게을리 하지 않으면서 삼칠일을 일심으로 정진해야 한다.

중략② : 또 이 참법을 수행하는 이는 삼칠일 기도 중에 다니거나, 앉고 머무르거나, 나가고 들어가거나, 소변을 보거나, 먼지 털고 물 뿌리거나, 일상의 모든 것에 항상

# 참선과 염불

불교는 깨달음의 종교이며, 불교의 깨달음은 참선에 있다.

참선은 부처님의 성불수행법인 안반선(호흡명상·아나빠나사띠)과 더불어, 자비관·부정관 등 36가지 명상법과 간화선 수행을 이르며, 흔히 조도법(助道法)이라 불리는 '37보리분법'의 수행으로 완성된다. 이 조도법은 본인의 역량에 맞게 선택하여 수행하다보면 저절로 진보하게 된다. 만약 수행 중 마음이 산란하여 집중이 잘 안 되고 망상(잡념)이 많을 때는 일시적으로 삼천 배나 백팔 배 또는 기도를 해도 된다. 단, 선지식[147]의 지도를 받으면서 수행해야 시행착오 없이 더욱 빨리 피안의 언덕에 도착하여, 삶의 자유자재함을 얻을 수 있다. 부처님은 이렇게 말씀하셨다.

건강은 최고의 이익이고, 만족은 최고의 재산이며,
신뢰는 최고의 친구이다. 그러나 최고의 행복은 마음의 평안이다.

---

공부를 놓치지 말아야 하며, 또한 마땅히 마음 마음에 부처님과 부처님의 가르침인 불법과 스님들을 늘 생각하여 잊지 아니하고, 마음의 성품은 공하다는 것을 관하면서, 한 찰나라 할지라도 다섯 가지 욕망과 세상의 일을 기억하고 생각하거나, 삿된 생각의 마음을 일으키지 않아야 할지다.

☞ ⅰ) 언어도단(言語道斷) : 체험의 세계는 도저히 말로서는 표현할 수 없다. 그래서 '말의 길이 끊어졌다'고 한다.

ⅱ) 무심(無心) : 무념(無念). '자기 기준의 사량분별을 일으키는 한 생각을 일으키지 않는' 상태이다. 무심은 나의 의도가 개입되지 않음을 말함이요, 나를 내세우지 않음을 말한다. 즉, 아상(我相)이 사라진 자리이다.

ⅲ) 고집멸도(苦集滅道)의 사성제 중, 멸성제. 괴로움의 원인을 없애는 성스러운 진리로, 열반을 증득하여 온갖 고(苦)에서 해탈한 것.

ⅳ) 전도망상(顚倒妄想) : 잘못된 인식의 알음알이로 거꾸로 뒤집힌 허망한 생각.

ⅴ) 삼독(三毒) : 탐욕·성냄·어리석음.

우리는 마음의 평안만이 최고의 행복이라고 강조하신 부처님의 뜻을 분명히 인식해야 한다. 그래서 마음의 평안을 가져다주는 것은 오로지 수행밖에 없고, 이 수행만이 최고의 행복을 가져다준다는 확신을 가져야 한다. 이 확신은 먼저 자기부터 믿는 데 있다. 마음은 쓰는 대로 된다. 자기를 믿어라! 그러면 깨침은 곧 시간문제일 뿐이다. 깨달음만이 모든 것의 해탈이다.[148]

불교는 수행의 종교이기에 많은 수행법들이 있으며, 그중 왕도는 없지만, 본 기도경에서는 부처님께서 성불하신 '정혜수행'으로, 고대로부터 검증되었고 누구나 쉽게 접할 수 있는 수행법으로 꼽히는 '안반선(安般禪·호흡명상)'과, 수행법이 간단명료하고 다른 수행법과 상호 보완해 적용할 수도 있어 세간에 널리 자리 잡은 '염불 수행법'을 제시한다.[149]

---

vi) 마정설법(摩頂說法) : 머리 위를 손으로 쓰다듬어 주면서 '미래에 부처가 될 것을 인정받는' 의식을 '마정수기'라 한다면, '마정설법'은 마정수기와 마찬가지로 부처님께 직접 친히 듣는 최고의 설법이라 할 수 있다.

146) 원문의 내용을 이해하기 쉽게 간결하게 줄여 번역함.

147) 선지식(善知識) : 길 없는 길의 깨달음을 이룬 분이거나 수행경험이 많은 분으로서 자신의 삶에 이정표를 세워줄 수 있는 자격과 견문을 갖춘 스승님.

148) 깨달음을 얻어야만 언제나 어느 상황에서나 어떤 일들이 일어나도 자유자재할 수 있다. 깨침은 초연함이다. 초연함은 흔들림이 없는 것이다. 깨치게 되면 마음이 낮아진다. 다른 사람의 허물을 절대로 말하지 않는다. 남보다 위에 앉지도 서지도 않으며 음식이나 물건의 좋은 것은 남에게 미루고 나쁜 것만 갖는다. 나 스스로 언제든지 남보다 고되고 천한 일만 한다. 그래서 화합되고 평화로움이 자기와 이웃을 넘어 사회 국가에도 미친다. 그래서 깨쳐야 한다. 경전도 마찬가지로 깨쳐야만 제대로 눈에 들어온다. 깨치지 못한 상태에서는 경전의 글귀는 그냥 문자일 뿐이다. 붓다의 말씀은 깨친 경지에서 말씀해 놓은 것이므로 깨치지 못한 상태에서는 중생심에 가려진 잣대로 경전을 보기 때문에 부처의 경지를 볼 수 없고 자기가 아는 인식수준에서만 알게 된다. 이러한 인식수준에서 알게 되는 알음알이는 도리어 자기를 망쳐놓게 된다.

149) 그 외 수행법 중 한국불교의 대표적 수행법으로 자리 잡은 화두수행의 간화선에 관해서는 좀 더 심도 있는 설명이 필요하므로, 편역자의 졸저인『초기불교와 간화선 통합수행』을 참조하길 바란다.

# 1) 안반선 수행법

안반선(安般禪)150)은 부처님께서 성불하신 수행법으로 호흡명상 또는 호흡관찰법이라 한다. 호흡의 출입구 앞쪽 입술 언저리나 입 앞에서 숨 쉬고 있는 것을 알아차리는, 호흡을 관찰하는 수행법이다. 석가모니께서 보살 시절, 6년간의 고행을 통해 그 문제점을 간파하시고 수행방법을 바꾸어 정각을 이룬 수행법이 바로 이 안반선이다.

안반선으로 참선수행을 할 때는 먼저 안락하고 고요한 장소를 선택해야 한다. 그리고 편안히 앉는다. 앉은 다음 눈은 고요히 감고 마음을 호흡에 둔 채로, 자연스럽게 숨이 들고 나는지를 주의집중하며 살피면 된다.

이때 몸 안팎으로 들고 나는 숨을 따라가서는 안 된다. 예기치 않은 문제가 생길 수 있고, 완전한 집중도 할 수 없기 때문이다. 그래서 다만, 입술 또는 입 앞 부근의 숨을 고요히 지켜보기만 하면 된다. 그러면 마음집중을 완벽하게 개발할 수 있을 것이다. 안반선은 불교 고유의 정통 참선 수행법임을 알아야 한다.

---

150) 안반선은 원어로 아나빠나사띠(ānāpānasati)인데, '안반'은 '아나빠나(들숨날숨)'의 음역이고, '선'은 '사띠(염·念)'의 포괄적 수행을 의미하는 참선을 뜻하며, 한문으로는 '안반수의', '안반염' 또는 '수식관'으로 번역된다.
151) 심월(心月) : '마음의 보름달'로, 고도의 집중력으로 수행에 몰입하다 보면 보름달 같은 빛이 나타나 갑자기 주위가 밝고 훤해지는데, 이를 '심월'이라 한다. 심안(心眼·마음의 눈)으로 보름달의 형상을 보게 되는 것이다. 원어는 '니밋따(nimitta)'이고, '표상(表象)'이라 번역된다.
심월은 곧 선정을 얻을 수 있다는 신호로, 깨침이 얼마 남지 않았음을 보여주는 현상이다. 이 정도의 경지에 오르려면 좌선이나 독송할 때, 오로지 한 생각 외에는 어떤 망상이나 잡념도 없이 한 시간 정도 집중할 수 있어야 한다. 그리되면 삼매를 증득한 심월의 빛이 나타나게 된다.

**【 수행방법 】**

　안반선을 수행하는 방법은 먼저 눈을 고요히 감은 다음, 마음을 호흡에 두고 '숨을 쉬고 있구나'를 알기만 하면 된다. 경전에는 다음과 같이 설명되어 있다.

(1) 들이쉬는 숨이 길면 '나는 길게 들이쉰다'라고 알아차리고, 내쉬는 숨이 길면 '나는 길게 내쉰다'라고 알아차린다.

(2) 들이쉬는 숨이 짧으면 '나는 짧게 들이쉰다'라고 알아차리고, 내쉬는 숨이 짧으면 '나는 짧게 내쉰다'라고 알아차린다.

(3) '호흡의 전 과정을 알면서(경험하면서) 나는 숨을 들이쉬리라' 하며 이렇게 공부 짓고, '호흡의 전 과정을 알면서 나는 숨을 내쉬리라' 하고 이렇게 수행한다.

(4) '호흡의 전 과정을 고요히 하면서 나는 숨을 들이쉬리라' 하며 이렇게 공부 짓고, '호흡의 전 과정을 고요히 하면서 나는 숨을 내쉬리라' 하며 이렇게 수행한다. (먼저 스스로 숨을 고요히 하겠다고 마음먹은 다음, 숨을 쉬는 처음과 끝의 전 과정을 '앎'과 '봄'을 계속 이어가야 한다.)

　위와 같은 순서대로 수행이 진전되는데, 수행의 실제체험에서는 (3)은 '호흡전체 보기', (4)는 '감미로운 호흡'에 해당된다. 이렇게 수행하다 보면 집중력이 절로 향상되는데, 이 집중력이 얼마만큼 향상되었는지가 수행의 진보를 가늠하는 척도이다. 오로지 호흡에만 집중되는 시간이 한 시간 정도에 이르면, 그 삼매력의 증명으로 '심월(니밋따)'[151]이라는 마음의 빛이 뜨게 된다. 수행자에 따라, 20~30분의 집중력으로도 심월이 뜨기도 한다.

　심월이 뜨기만 하면, 범부에서 성자의 종성(種性)으로 나아가는 본격적인 선정수행에 들어서게 된다. 선정을 증득하게 되면 각종 신통력의 수행은 물론, 견성성불의 깨달음을 얻는 것은 시간문제일 뿐이다.

'안반선'은 삼세제불과 벽지불,[152] 그리고 붓다의 직계제자들인 아라한과 대장부들이 깨달음을 이룬 수행영역이다. 그 어떤 수행법이라도 마음을 안으로 향하게 하여 항상 마음을 챙기고 알아차리게 되면 대자유의 깨달음이 성취된다. 안반선 외의 다른 명상법의 대상도 그것을 마음에 잘 새기면 수행대상이 분명해진다.[153]

안반선은 삼세제불과 대 아라한과 대장부의 수행영역이지만, 평범한 사람일지라도 퇴굴심만 내지 않으면 안반선만큼 쉬운 수행법도 없다. 단지 호흡만 보면 되기 때문이다.

---

152) 삼세제불(三世諸佛)과 벽지불(辟支佛·緣覺) : 삼세제불은 과거·현재·미래의 모든 부처님을 이르고, 벽지불은 독각으로 알려진 연각을 이른다.
153) 『대념처경』.

# 2) 염불 수행법

'칭명(稱名)염불'은 '나모붓다사'[154] 또는 '석가모니불'로만 염불한다. 부처님을 생각하면서 일심으로 염불하면 항상 천신과 정령들에게 보호받고, 모든 위험에서 벗어나며 천상에 태어난다. 그리고 염불하는 그의 마음은 천인사(天人師·천신과 사람의 스승)인 부처님을 존경하고 순종케 되어, 믿음이 깊어지고, 부처님의 경지로 향하고 선처로 인도되며, 그 공덕으로 예배를 받을 만하게 된다.

이런 수행자는 삼매와 통찰지가 깊어지고, 희열과 기쁨이 커지고, 두려움과 공포를 극복하고 고통을 감내할 수 있는 힘을 얻게 된다. 천신과 함께 사는 것 같은 삶을 얻는다. (『법구경』 게송 296~301)


【 수행방법 】

염불로 수행하는 방법은 다음의 네 가지가 있는데, 본인이 가장 잘되는 방법으로 염불수행을 하면 된다.

🪷 부처님 광명 속에 들어 있다는 생각으로 염불한다.

🪷 눈을 감고 부처님 상호[155]를 이미지화시켜 염불한다.

🪷 안반선으로 염불한다.

🪷 염불소리를 스스로 들으면서 염불한다.

🪷 '염불하는 이는 누구인가?'를 화두로 염불한다.

---

154) '부처님께 귀의합니다'는 뜻이고, 한문으로는 '南無佛'이다. 부처님은 원어(빠알리어)를 사용하면 공덕이 크다고 하셨다. (『쭐라박가』V. *The Book of the Discipline*, Vin, Texts iii, 150, n.) '나무(南無)'란 원어 '나모(Namo)'와 산스크리트(범어) '나마스(Namas)'의 음역으로, 인도인들은 통상적으로 '나마스테(당신께 경의를 표합니다)'라고 인사를 나눈다.

## ✿ 부처님 광명 속에 들어 있다는 생각으로 염불한다.

부처님 광명 속에 있다고 생각하면 몸의 정화작용과 심리적 효과가 증장되어 염불이 깊어진다.

## ✿ 부처님 상호를 이미지화시켜 염불한다.

눈을 감고 부처님 상호를 생각하며 이미지화시켜 마음으로 형상을 익히면서 일념으로 염불하면, 선정삼매를 증득하는 까시나(kasina·변처) 수행 같은 효과가 발생하여 '니밋따'를 얻는 염불삼매를 이루게 된다. 또한 집을 지키는 신장[156]과 산신 등의 좋은 정령에게 보호받고 모든 위험에서 벗어나며 적어도 선처에 인도되는 염불공덕[157]을 얻게 된다. (『법구경』 게송 2. 게송 296~301.)

## ✿ 안반선으로 염불한다.

안반선으로 염불하는 방법은 먼저 눈은 고요히 자연스럽게 감고 마음을 호흡에 두고 숨이 들어오고 나감을 관찰하면서 염불하는데, 다음 두 종류의 염불방법이 있다.

---

155) 상호(相好) : 부처님의 숭고한 모습을 이르는 존칭. 32상(三十二相) 80종호(八十種好)의 줄임말로, 부처님의 32가지 모습을 32상이라 하고, 이를 80가지로 더 세분한 것을 80종호라 한다.

156) 집을 지키는 신장(神將) : 귀신과 정령들 세계에서 무력을 맡아 사방의 잡귀나 악신을 몰아내는 신병을 거느린 장수 신(神)을 말한다. 불교에 귀의한 불자들에게는 각자 나름대로 전생에 지은 복력과 업력에 따라 그 집안을 지켜주는 신장이 있다. (『법구경』 게송 119~120.)

157) 염불공덕 : 연지대사[운서주굉(雲棲袾宏)·1535~1615·명나라 4대 고승]의 염불수행 열 가지 공덕은 다음과 같다.
①모든 하늘의 신장(神將)들이 밤낮으로 은밀히 수호한다.
②모든 보살들이 항상 따라다니며 수호한다.
③모든 부처님이 밤낮으로 항상 수호한다.
④일체의 악귀가 침해하지 못하고 독사나 독약 등의 해를 입지 않는다.
⑤화재나 수재, 도적질, 감옥에 갇히는 등의 엉뚱한 죽음과 재난을 당하지 않는다.

그 하나는, 숨을 관찰하면서 '붓다'의 염불 명호를 활용해, 들숨일 때는 '붓~', 날숨일 때는 '다~'하면서 염송하는 방법이고, 또 하나는, 들숨·날숨과 함께 '나모붓다사'를 빠르게 연속적으로 반복하며 염송하는 방법이다. 연속적으로 반복해서 염송할 때는 들숨 한번 사이에 '나모붓다사'를 3번~5번을, 날숨일 때에도 동일하게 연속적으로 빠르게 반복해서 각자의 집중도에 알맞게 염송한다. 여기서 핵심은 숨을 지켜보면서 염불해야 그 효과로 마음집중을 완벽하게 계발할 수 있다는 것이다.[158]

이렇게 호흡을 관찰하며 염불하는 '안반선 염불'의 공덕은 삼매 계발의 효과와 더불어 '악귀가 침범하지 못하고, 신장과 산신 등 좋은 정령의 보호를 받아 모든 위험에서 벗어나며, 적어도 선처에 인도'되는 가피도 받게 된다.[159] 또한, "이러한 염불하는 비구는 믿음이 깊어지고 염(念·마음집중과 알아차림)이 깊어지고 통찰지가 깊어지고 공덕이 깊어진다. 희열과 기쁨이 커지고, 두려움과 공포를 극복하고, 고통을 감내할 수 있다. 천인과 함께 사는 것 같은 인식을 얻는다. 그의 몸도 탑묘처럼 예배를 받을 만하다. 그의 마음은 부처님의 경지로 향한다"는 공덕을 얻는다.

♧ **염불소리를 스스로 들으면서 염불한다.**

일심으로 염불하여 염불삼매가 되면 '심월(心月)'이라는 마음의 빛이 생겨 선정을 증득할 수 있다. 선정은 범부에서 성자가 되는 종성(種性)을 얻게 하는 터전이다.

---

⑥내가 지은 죄악이 모두 소멸하고 모든 원혼이 해탈하여 공포가 없다.
⑦평안한 잠자리를 이룰 수 있고 혹은 꿈에 부처님의 거룩한 모습을 뵙기도 한다.
⑧마음이 늘 즐겁고 안색이 빛나며 기력이 충만하여 행하는 일마다 모두 잘된다.
⑨항상 모든 사람들이 마치 부처님처럼 공경히 공양하고 예배한다.
⑩목숨이 다할 때 마음에 두려움이 없고 올바른 생각이 충만하며, 모든 불보살님이 극락정토로 인도하여 왕생케 하며 영원토록 승묘한 즐거움을 누린다.

## ❀ '염불하는 이는 누구인가?'를 화두로 염불한다.

'염불하는 이는 누구인가?', 즉 '염불시수(念佛是誰)'를 화두로 삼아, 자기 스스로에게 '염불하고 있는가?'를 반문하면서 염불하는 염불선 방법이다. 자신의 염불소리를 들으며 '그래, 음 …… 염불하고 있구나!' 하고 염불하는 자기를 자각하면서, '염불하고 있는 이놈은 누구인가?'라고 화두를 드는 것이다.

이때 '화두를 든다'는 말은 자기 생각을 지어가면서 '염불하는 나는 누구인가?' 하는 것이 아니라, 염불하는 나는 누구인지를 알 수 없으니 '염불하는 나는 누구인가?'라는 의문의 화두만 있고, '그 아는 마음' 외에는 생각이 끊어지고 말이 떠난 자리가 되어, '염불하는 자신만 자각되는' 상태를 이르는 것이다.

만약 이 말이 이해가 안 되면, 그저 염불하는 자신을 자각하면서 '염불하는 나는 누구인가?'라고 단순히 물으면 된다. 머리로 풀려는 마음을 내지 말고 단지 물어 들어가는 가운데 염불화두가 맺어져, 염불하는 나는 누구인지를 알 수 없으니 '염불하는 나는 누구인가?'라는 화두만 남는 현상을 만나게 되는 것이다.

이같이 '염불시수'의 화두를 들게 되면, 자기 마음을 되돌아보게 되어 마음 아닌 것이 눈앞에 있음을 저절로 알게 된다. 이는 염불하는 자신이 관조되고 있다는 입증이다. 이렇게 자기 자신이 저절로 관조되면 관조하는 관찰자를 발견하게 되는데, 이 관찰자가 무엇인지 저절로 타성일편으로 의심지어지게 된다. 바로 이때 '화두삼매'라는 성성적적의 경지에 들어서게 된다. 이처럼 성성적적의 경지에 손쉽게 들어서게 만드는 수행법이 염불을 활용한 "염불하는 '나는 누구인가?(이 뭣고?)" 화두의 묘미이다 (자세한 내용은 편역자의 졸저, 『초기불교와 간화선 통합수행』이나, BBS 불교

방송 '초기불교와 간화선 통합수행' 강의의 유튜브 동영상을 참조).

  자기 자신이 저절로 관조된다는 것은 '사마타·위빠사나'로써 떠돌던 밖의 마음이 비춰지게 되어, 마음이 마음 아닌 가짜 마음을 통찰하여 텅 빈 실체 없는 무아를 보게 되는 '조견오온개공(照見五蘊皆空)'의 조견을 이른다. 이렇게 공부지어 염불하는 자신이 뚜렷하게 보여 성성적적해지면 곧 시절인연이 도래하여 견성성불하게 될 것이다. 이를 염불을 지렛대로 삼아 화두를 잡는다 하여 '염불선'이라 한다.

---

158) 태국의 유명한 고승인 '아짠 마하부와'는 "'붓다'를 반복적으로 염하면, '붓다'의 염송이 계속해서 [호흡을 아는] 마음과 접촉되어지고, 예비적 반복의 '붓다'를 '되풀이하는 마음'과 [호흡을 아는] 마음속의 그것이 누구인가를 '아는 마음'이 합일(合一)되어진다"고 하셨다.
159) 『법구경』 게송 2. 게송 296~301.

# 부록

# 법화삼매참법 요약

『법화삼매참법』의 핵심용어이기도 한 '삼매'는 불교수행의 근간을 이루고 있다. 대승경전과 초기불교 경전에 서술된 삼매의 종류는 다양한데, 이렇게 다양한 삼매수행들에 한 가지 공통점이 있다면, 바로 깨달음의 성취, 즉 성불을 수행목표로 설정하고 있다는 점일 것이다.

그러나 초기불교 경전들과는 달리 삼매의 수행방법과 과정, 그리고 증득의 내용 등을 체계적이면서 자세히 설하고 있는 대승경전은 그리 많지 않다. 그런데 『법화삼매참법』은 그 수행방법과 증득까지의 과정을 비교적 자세히 설하고 있다는 점에서 괄목할 만하다.

물론 이는 『법화삼매참법』을 저술한 천태지의대사[160]의 직·간접적 체험의 내공 덕일 것이다. 예컨대, 『법화경』에는 '법화삼매'라는 단어만 세 차례 거론되었을 뿐 이에 대한 구체적 설명이 결여되어 있으며, 여타의 경전들도 이 같은 수준에 머물러 있을 뿐인데, 『법화삼매참법』은 삼매를 체험해볼 수 있게 저술되어 있다.

법화삼매를 천태대사에게 전수한 스승인 남악혜사대사(南岳慧思大師·515~577)가 저술한 『법화경안락행의(法華經安樂行義)』의 법화삼매도 상당히 발전된 형태에 속하긴 하지만, 천태의 『법화삼매참의』 1권이나 『마하지관』에 기술된 완벽한 법화삼매와는 비교될 수 없다. (『법화삼매의 형성과정에 관한 소고』, 徐溁烈 著, 중앙승가대학, 1998)

그러나 천태의 교상판석(敎相判釋)[161]은 부처님 당시의 순수 본래불교보다는 약 1,500여 년 전 중국의 시대적 상황에 맞춰 대·소승불교가 혼합되어 중국화한 불교체계에 가깝다. 이제는 시대의 변천으로 부처님 법의 원형이 보존되어 있는 현장에 직접 가서 수행도 하고 불경 원전을 열람하며 연구도 할 수 있기에, 법을 구하는 순례자들과 수행자들은 예전 천태학의 교판보다 좀 더 확실히 신뢰할 수 있으며 체계도 잡힌 부처님 법을 접할 수 있게 되었다.

　종교를 접할 때는 지혜와 믿음을 균등하게 조율해 접근해야 할 것이다. 만약, 지혜는 없고 믿음만 지나치면 보편타당한 상식적 합리성이 상실되어, 수행보다는 천도재 등 각종 제례의식과 지나친 예불의식에 치중하게 되고, 계 아닌 것을 계라 하여 본말이 전도된 율학주의에 얽매이게 된다. 심한 경우에는 하나의 경전에만 국집(局執)하여 그 사상에만

---

160) 천태지의대사(天台智顗大師·538~597) : 천태종의 종조. 18세에 출가하여 23세 때 혜사(慧思)대사로부터 대승지관법과 4종의 안락행(安樂行)을 사사했다.

161) 교상판석(敎相判釋) : 부처님의 가르침을 분류하여 해석한 것. 줄여서 '교판'이라고도 하는데, 중국의 남북조시대부터 시작되었다. 불교가 중국에 전래된 이후, 여러 종파들이 제각각 성장하게 되면서, 종파들마다 자신들이 중시하는 경전에 의거해 나름의 교판 방법과 체계를 마련하게 되었다. 이처럼 교판의 성립은 여러 종파들이 각자의 개성과 특색을 갖고 다채롭게 발전했던 역사적 상황과 맞물려 있지만, 다른 한편으로는 불교가 인도에서 중국으로 전래되었던 과정과 정황에서 기인한다.
중국에 전래된 인도 불교는 그 수행체계와 이론이 수백 년에 걸쳐 다양하게 전개되었다. 이런 오랜 전개과정에 대한 이해가 충분치 못한 상태에서, 수백 년 역사속에서 다양하게 전개되고 만들어진 수많은 불경들과 이론체계들이 한꺼번에 중국에 전래되었고, 그 과정에서 중국인들은 여러 불경들이나 이론들 사이에 서로 모순되는 교리들이 있음을 발견하면서 이를 해결할 방안을 모색하게 되었다.
그 방법이 이른바 '교판'으로, 정리하자면, 교판은 인도에서 전래된 불경과 그에 관한 여러 이론들을 중국인들이 한역(漢譯)하여 전파하는 과정에서 다양하면서도 때로는 모순되어 보이는 견해들을 체계적으로 정리하려 시도했던 것으로, 이는 일견 모순되어 보이는 불교의 여러 이론들과 교리에 담겨 있는 진정한 의미를 통일적으로 파악하려는 의도에서 비롯된 것이었다.
그중 대표적 교판이 천태대사의 교상판석인데, 천태대사는 부처님께서 설법하신 순서에 따라 경전들을 분류하여 정리하고자 했다. 그러나 천태가 중심으로 삼은 경전들에는 (현대의 문헌학 연구에 따르면) '찬술(撰述)경전'이 다수 포함되어 있다는 점이 천태대사 교상판석의 문제점으로 지적된다.

천착해서 돌이킬 수 없는 맹신으로 흘러가게 된다.

반면, 믿음은 없고 지식만 치성해지면 알음알이만 증장하여 머리로만 아는 불교가 된다. 정작 본인의 실생활에는 전혀 도움 되지 못하고 도리어 불교의 알음알이가 독이 되어버리는 것이다. 이는 마치 약물에 중독되면 다시 약을 써도 효과가 별반 없는 것과 똑같다.

이러한 지혜와 믿음의 균등한 조화를 바탕으로 『법화삼매참법』을 요약해본다면 크게는 (1)의 권수방편, (2)의 정행(正行), (3)의 증상분별로 나눌 수 있다. 각 내용을 p149의 '〈도표〉 법화삼매참법 요약'을 참조하면서 살펴보기로 한다.

## (1) 권수방편(權修方便)

곧바로 좌선수행에 들어가지 못하는 이는 방편으로 믿음을 열어 일깨우고, 신·구·의(身口意) 삼업을 조복하는 정진의 갑옷을 입어야 한다. 그러기 위해서는 〈도표 1〉의 ①제1 권수참법으로 먼저 참회기도를 닦아야 하고, ②제2 행전방편, 즉 수행을 위한 방편을 행하고, ③제3 수행방법, 즉 수행의 방법대로 닦아나가야 한다.

## (2) 정행(正行)-正修懺儀 第4

올바른 수행으로 나아간다는 뜻으로, 본 『법화삼매참법』을 수행함을 가리킨다. 정행의 방법은 사참(事懺)과 이참(理懺)으로 나뉘는데, 〈도표〉에 요약되어 있다. 도표의 ④유상수(有相修)는 사참에 해당하며, ⑥수전방편(修前方便) 청정삼업(淸淨三業), ⑦공양예경(供養禮敬), ⑧수행오회(修行五悔)의 방법을 말한다.

**사참(事懺)**은 우리가 몸과 말과 생각으로 지은 죄업을 불보살의 가피와 예불 등을 통해 참회하는 것으로, 죄업에는 십악이 있다. 십악의 업을 소멸하고 정화하는 사참의 방법은, 본 참법기도경의 제1 엄정도량, 제2 육신청정, 제3 삼업공양, 제4 봉청삼보, 제5 찬탄삼보, 제6 예경삼보, 제7 참회수행의 참회육근·권청여래·수희공덕·회향불도(회향법)·극락왕생발원과 제8 행도법의 칭명염불과 제9 경전독송을 행하는 것이다. 추가로, 천태대사의 『법화삼매참법』 방법 외에도 삼천배나 백팔배 등의 절하는 기도도 아주 훌륭한 사참이 될 것이다.

**이참(理懺)은** 본래의 마음자리에서 볼 때 모든 죄가 본래 자성이 없다는 것을 꿰뚫어봄으로써 참회를 이루는 것이다. 도표의 ⑤무상수(無相修)는 이참에 해당되며, 이참의 방법은 ⑩정관일실상경-제십정수삼매 수행과 ⑪역경일심정념(歷境一心正念)의 참선수행이다. 그러나 지금은 이런 이론적 체계의 참선은 스님들에게 전승되지 않고 있다. 이처럼 승가에 문자로만 남아 있는 수행법은 전문 수행자도 아닌 일반 생활인에게는 복잡난망한 수행일 따름이다.

그래서 ⑩의 正修三昧는 본 기도경의 제10 좌선삼매(坐禪三昧) 편을 참고만 하고, 참선의 방법에 대해서는 부처님의 전통적 참선(간화선과 안반선)과 염불이나 독경 등의 기도를 이참과 함께 해탈의 수행으로 삼아야 할 것이다. 그리고 이참과 사참의 두 참법은 결코 둘이 아니고 하나이므로, 서로 병행해 수행해야 할 것이다.

다음은 이참에 대한 탁월한 심지법문(心地法門)이다.

| | |
|---|---|
| 중죄여상로 혜일능소제 | 衆罪如霜露 慧日能消除[162] |
| 백겁적집죄 일념돈탕진 | 百劫積集罪 一念頓蕩盡 |
| 죄무자성종심기 | 罪無自性從心起 |
| 심약멸시죄역망 | 心若滅時罪亦忘[163] |

모든 죄는 서리와 이슬 같아서 지혜의 빛으로 능히 사라지며,

백겁 동안 쌓인 죄도 한 생각에 사라진다.

죄는 본래 스스로의 성품이 없어 마음 따라 일어날 뿐,

그 마음을 비우면 죄 또한 사라지네.

## (3) 증상분별(證相分別)

불교의 기본적 배움의 체계를 계·정·혜(戒定慧) 삼학(三學)이라고
하는데, 이 삼학을 통한 수행의 체험들은 깊고 낮음이 있어 서로
다르다. 또한 각종 체험현상도 수행자마다 각기 다르게 나타난다.
이처럼 각기 다른 증상들을 잘 분별하여 그 증상에 알맞은 수행
을 해야 한다. 수행 중 약간의 도를 얻고는 깨쳤다고 착각하는 경
우가 종종 있는데, 그럴 때는 다시 자기를 지극히 되돌아봐 공부
를 놓치지 말고 본래면목의 '참된 나'를 찾아야 할 것이다.

---

162) 『관보현경(觀普賢經)』
163) 『천수경』

# 〈도표〉法華三昧懺法 要約[164]

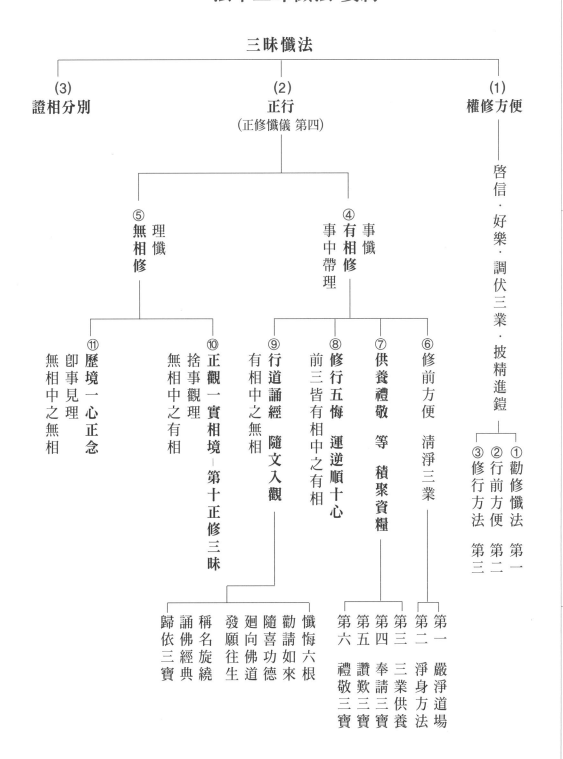

三昧懺法

| (3) 證相分別 | (2) 正行 (正修懺儀 第四) | (1) 權修方便 |
| --- | --- | --- |

(2) 正行

⑤ 理懺 無相修

④ 事懺 有相修 事中帶理

啓信 · 好樂 · 調伏三業 · 披精進鎧

⑪ 歷境一心正念 卽事見理 無相中之無相

⑩ 捨事觀理 無相中之有相

正觀一實相境 ─第十正修三昧

⑨ 行道誦經 隨文入觀 有相中之無相

⑧ 修行五悔 運逆順十心 前三皆有相中之有相

⑦ 供養禮敬 等 積聚資糧

⑥ 修前方便 清淨三業

③ 修行方法 第三
② 行前方便 第二
① 勸修懺法 第一

歸依三寶
誦佛經典
稱名旋繞
發願往生
廻向佛道
隨喜功德
勸請如來
懺悔六根

第六 禮敬三寶
第五 讚歎三寶
第四 奉請三寶
第三 三業供養

第二 淨身方法
第一 嚴淨道場

---

164) 〈도표〉 법화삼매참법 요약'의 설명은 p146~148의 (1)권수방편(權修方便), (2)정행 (正行), (3)증상분별(證相分別)의 순서로 해석한 한문부기를 참조하여 볼 것.

# 법화삼매참법을 대하는 법

본 기도경은 성불로 가는 길잡이이자 스승으로 부처님의 온몸과 같으며, 또한 삼세의 부처님께서 출생하셨고, 항상 보호하고 가호와 가피를 주시는 바이니, 부처님을 모시듯 정중히 다뤄야 합니다.

본 기도경 위에는 그 어떤 물건도 올려놓지 말아야 하며, 기도경 주위도 다른 물건들보다 신성하게 모셔야 하고, 주로 높고 깨끗한 곳에 항상 정중히 잘 모셔놓고, 청수(깨끗한 물)와 향, 한 홉의 공양미라도 정성껏 올리는 십시일미(十匙一米)의 마음으로 불공 예배드리면 좋습니다.

지극한 마음으로 오계를 지키면서 『법화삼매참법』을 수지·독·송·해설·서사(사경)하여 참회기도하면, 내면이 정화되어 마장장애를 극복하고, 안심입명하여 소원성취하고, 해탈삼매하여 대자유를 얻게 됩니다.

그리고 기도할 때는 가급적 목욕재계를 기본으로 하고, 만약 그렇지 못할 경우에는 손을 씻고 양치질을 한 후 몸과 마음을 단정히 하고 고요히 한 다음, 눈앞에 부처님 계신 듯 지극정성 간절한 마음으로 기도하신다면, 시방의 불보살님들의 가호와 가피의 속득성취를 믿어 의심치 않습니다.

"수행자여, 보물을 소중히 여기듯 경전을 소중히 여기기를 부모님을 섬기듯이 해야 한다. 사람이 사람을 섬기고 사는 것은 단지 일생이지만 경전은 한량없는 세월 동안 사람들을 제도하여 해탈열반의 길을 얻게 하나니, 경전 받들기를 부모 대하듯 해야 법이 오래 유지될 것이니라."

(「열반경」 1권, 161.)

# 후기

◉ 맺는글

◉ 경전독송 공덕

◉ 경전출판 공덕

# 맺는글

시대는 변했습니다. 현대문명의 발달로 이제는 옛날의 기록이 실제와 맞는지 안 맞는지를 검증할 수 있게 되었습니다. 전통과 문화를 지키는 것도 물론 매우 중요한 일입니다. 그러나 중생의 생로병사와 우주법칙을 다루는 불법은 너무나 지중하고 막중하기에 부처님의 본 취지와 다르게 유포되는 찬술경전이나 사상은 과감히 파사현정(破邪顯正)하여 부처님 말씀에 맞게 올바른 관점에서 전승되어야 합니다.

그렇다면 부처님 말씀이라고 전승되어오는 경전들의 진위 여부를 가려야 할 것입니다. 그 진위 여부를 가릴 수 있을 것인지, 우선 크게 두 가지 방법을 생각해볼 수 있겠습니다.

첫 번째로는, 불교는 깨달음의 종교이니, 도를 깨쳐 완전한 성자인 아라한이나, 또는 선정을 증득하여 능숙한 숙명통으로 부처님 당시까지 볼 수 있는 신통력을 갖춘 수행자를 통해 불의(佛意·부처님의 진의)를 가려내는 방법이 있겠습니다.

두 번째로는, 문헌학과 고고학의 과학적 검증방법을 거쳐 가려내는 방법이 있습니다. 시대적 출처를 정확히 밝히는 고고학적·문헌학적 연구를 토대로, 원형이 많이 보존되어 있다고 판단되는 경전들을 주요 경전으로 받아들이는 것이 하나의 예입니다.

그러나 일부, 언설만 늘어놓는 종교인들 중에는 아쉽게도 전문수행 한 번 해본 바도 없으면서, 사견으로 불교사상을 혼란시키는 경우가 적지 않습니다. 이런 잘못된 사견의 폐해는 자못 심각한 수준입니다. 대표적 예로 '제목봉창(題目奉唱)'[165]만을 주장하는 이들을 들 수 있습니다.

이들은 일본식 불교인 '남묘호렌게쿄'를 그대로 답습하여, 법화경 외의 다른 경전이나 수행으로는 성불할 수 없다고 주장합니다. 심지어 참선수행과 염불수행에 대해 '참선자는 선천마(禪天魔)요, 염불자는 무간지옥행'이라고까지 폄하합니다. [창가학회(SGI) 발행, 『일련대성인어서전집』]

즉, '참선하는 무리는 하늘의 마구니(魔軍)요, 염불하는 자는 무간지옥에 떨어진다'는 배타적 교리관입니다. 정작 불교는 깨침의 종교로서 해탈열반은 참선에 있는데, 그런 참선을 종지로 삼고 있는 한국불교의 정통교단인 대한불교조계종의 수행자를 마구니로 격하시키고 있는 겁니다.

그러나 대한불교조계종은 유교 500년 억불정책의 갖은 탄압과 일제의 일본식 불교화(대처승), 해방 이후 미군정의 노골적 기독교 복음화정책 속에서도 전통불교의 맥과 문화를 보존해오면서, 많은 불자들을 영원한 대자유의 안식처로 인도하고 있는 지혜와 자비 수행불교 종단입니다.[166]

그뿐만이 아니라, '남묘호렌게쿄' 신자들은 '사십여 년 미현진실(四十餘年 未顯眞實)'이라는 경문을 근거로 『법화경』만이 최고라며, 대승경전의 꽃인 『금강경』과 『화엄경』을 부차적 경전으로, 부처님 말씀의 원형이 보존돼 있는 『아함경』 등의 초기경전은 무조건 하류 경전으로 치부해버림

---

165) 제목봉창(題目奉唱) : 『법화경』의 제목인 '나무묘법연화경'을 떠받들어 부른다하여, 일본 '남묘호렌게쿄' 종파에서는 '제목봉창'이라 한다. 불교의 기본적 가르침과는 상반되게, 제목봉창의 염불을 주장하는 이들에게는 제목봉창 그 자체가 절대적 숭배의 대상이고, 다른 염불은 정법이 아니라고 한다.
제목봉창은 유일하게 일본의 니치렌 스님(日蓮·1222~1282)만이 강력히 주장한 염불법으로, 정통 염불수행법은 아님을 알아야 한다. (본서, 제10 좌선삼매, 염불 수행법 참조)
법화경만을 신봉하는 대표적 단체로는 니치렌 스님이 만든 법화 계열의 일련종인 '창가학회(SGI)'를 들 수 있는데, 흔히 '남묘호렌게쿄'로 더 잘 알려져 있다. 창가학회는 이미 한국에 약 150만 명의 신도를 확보하고 있는데(한국SGI측 통계), '일본판 통일교'라 불릴 만큼 일본 내에서 사회적 비난과 공격을 받고 있는 집단이다.
이보다 더 심각한 문제는 적법한 절차도 거치지 않고 출가를 승인하고 일본에서조차도 논란의 소지가 많은 왜색 불교를 한국에 그대로 전파하여, 불교의 진면목인 참선이나 부처님 말씀의 다양한 법미를 알지 못하게 오도하고 있는 점이다.

니다. 그러나 그런 주장의 근거인 '사십여 년 미현진실'[167]이라는 구절이 실린 『무량의경(제이 설법품)』은 사실, 부처님의 직설이 아닌 중국에서 찬술된 경전입니다.[168]

이처럼 찬술된 경전의 문구임에도 불구하고, 무지의 소산으로 불교사상의 꽃인 여타 대승경전들과 불법의 본래 순수원형이 보존된 초기경전들을 한갓 하잘 것 없는 경전으로 치부해버림으로써, 경전의 체계가 무너지고 부처님 말씀 아닌 것을 부처님 말씀으로 탈바꿈시킨, 그리하여 본말이 전도된 불교가 유포되고 있는 실정입니다.

더구나 그들은 부처님 말씀의 본래 순수원형이 보존된 경전의 수행법에 입각하여 참선수행을 하는 출가자를 가까이 하면 안 된다고 배척하고 있습니다.

이렇듯, 잘못 이해한 종교는 마약과도 같아서 그런 몽환적 상태에서는 아무리 진실을 알려줘도 소용없는 경우가 태반입니다. 명색이 수행자가 부처님법을 스스로 체득해본 바도 없이 그 종파의 창시자가 이르는 대로, 그 뜻조차 헤아리지 못하면서 그저 따라만 한다면 이는 '앵무새 불교'에 불과할 따름입니다. 그런 종교가 바로 사이비종교임은 두말 할 나위가 없습니다.

---

166) 다만 미흡한 점은 타종단에 대한 문호개방의 문제이다. 1,700여 년 역사의 한국불교는 조계종만의 불교가 아닐 것이다. 때가 된다면 한국불교의 모든 종단은 일불제자로서, 조계종 내의 어느 선방에서든 함께 수행하고 강원에서도 함께 수학할 수 있어야 한다. 그래서 출가자로서의 절차와 규정에 의한 수계를 다시 받아, 불교의 정확한 이해로 인천의 사표로서의 길을 갈 수 있도록 배려해야 한다. 타종단도 한국불교의 주인이기 때문이다.

167) 사십여 년 미현진실(四十餘年 未顯眞實) : '부처님께서 법화경을 설하기 이전의 40여 년 동안 하신 설법은 진실을 드러내지 않았다'는 뜻으로, 이 경문에 대한 대표적 오해의 단초를 제공한 이가 바로 '남묘호렌게쿄'의 창시자인 니치렌 스님이다.
그러나 더 큰 문제는 그를 추종하는 이들이 불교가 뭔지도 모르고 수행 한번 해본 적이 없는 상태에서 '나 홀로 종단'의 교주로 자리 잡고는, 니치렌 스님의 오묘한 도리를 오도하여 교묘하게 불자들을 미혹에 빠뜨리는 '이단 불교'를 조장하고 있다는 점이다.

168) 그 증거로는, 이 경전의 번역어에 통일성이 없고 문체가 중국풍이라는 점을 들 수 있

불교는 깨침, 즉 해탈을 목적으로 합니다. 종교도 부처도 다 이름입니다. 해탈이란 그 모든 종교에서도 벗어나 그 무엇에도 예속되지 않는 대자유입니다. 입으로만 부처의 길, 즉 자유인의 길을 간다고 해서 부처가 되고 대자유의 해탈에 이르는 게 아닙니다. 해탈로 가는 길은 기본적으로 깊은 삼매[169]를 요구하기 때문입니다.

법화경의 수행체계 역시 삼매를 도외시하지 않습니다. 이러한 삼매를 주요하게 다룬 수행법이 바로 중국 불세출의 고승인 천태대사(天台大師·538~597)의 『법화삼매참의(法華三昧懺儀)』입니다. 『법화삼매참의』는 삼매수행에 대한 참선의 기도경이요 수행지침서로, 참선을 중시한 천태대사의 본뜻을 잘 파악해야 합니다.

법화 관련 종단들은 일련(日蓮·니치렌) 스님의 교학체계가 천태대사의 교판을 토대로 나름대로 폭넓은 불교학의 세계를 이뤘다는 사실은 이해하지도 못한 채, 불자들에게 일본불교인 SGI(창가학회)의 방식만을 숭상하게 하고 있지는 않은지 살펴봐야 합니다. 그리고 『법화경』에도 기록되어 있는 '항상 좌선을 하라'[170]는 경문과 천태대사의 삼매수행에 관해 눈을 떠야 합니다. 『법화삼매참의』에서도 좌선의 중요성을 다음과 같이 강조하고 있습니다.

---

는데, 기타 내용면에서도 중국에서 창작된 것이 분명해 보임에 의심의 여지가 없다는 것이 불교학계의 대체적 입장이자 정설이다. [『經典의 成立과 展開』, 미즈노 고겐(水野弘元·1892년생), 이미령 譯]

169) 삼매(三昧) : 삼매는 사마디(samādhi)'의 한자표기로, 고도의 초집중 몰입상태를 이른다. 팔정도의 바른 삼매는 네 가지 선정(禪定)을 뜻한다. [『디가니까야』 사문과경(D2)] 선정력은 육안으로는 보이지 않는 천상과 영혼의 세계 및 전생과 다음 생을 아는 신통(초능력)을 계발시킨다. 그리고 지혜를 일깨워 내면 깊이 자리 잡은 무의식 상태에서 일어나는 마음의 세계를 깨쳐 대자유의 해탈을 이루게 한다. 즉, 삼매가 없으면 '화두'든 '위빠사나'든 '선정(사마타)'이든 어떤 수행을 해도 불교에서 제시하는 그 어떤 성자의 계위도 증득할 수 없다.

170) 常好坐禪 在於閑處 修攝其心(항상 좌선을 좋아하며, 한가하고 고요한 곳에 머물면서, 그 마음을 잘 닦아 거두어라). (『法華經』「安樂行品」第14.)

若意猶末欲坐禪。　更端坐誦經。(중략)

但, 四時坐禪　不得全廢。

만약 뜻이 미치지 못해 좌선을 하지 못할 때는
다시 단정히 앉아 독송하라.
단, 네 번의 좌선만은 전부 그만두는 일이 없어야 한다.

（『法華三昧懺儀』第九.）

위의 증문에서 보듯이, 천태대사는 항상 참선(좌선) 위주로 수행해야 하며, 만약 자리 잡고 앉았는데도 참선에 뜻이 없고 좌선하기 힘들 때는 독경과 참법(참회기도)을 행하라고 했습니다. 하지만 하루 여섯 때 중 네 번은 꼭 참선수행을 하라고 위와 같이 기록되어 있습니다. 수행 실참이 없는 이론은 뭔가 공허합니다. 천태대사의 수행서로 유명한 『마하지관』을 보더라도 참선수행을 얼마나 중요시했는지 알 수 있습니다.

그러나 법화 종단들은 법화경만이 정법이므로, 부처님 말씀에 따라 여법하게 출가하여 오로지 선방에서 참선만 하는 수행자라 할지라도 '나무묘법연화경'을 신봉하지 않으면 성불하지 못한다면서 법화경을 믿더라도 '나무묘법연화경' 제목봉창 방식의 믿음이 아니면 안 된다고 우겨댑니다.

이는 마치 기독교 일부 맹신자들의 전도방식인 '예수천당 불신지옥'과도 너무나 유사하기에 안타깝기 그지없는 일입니다. 그런데 그들은 '예수천당 불신지옥'은 비판하면서도 정작 그들의 신행방법인 '나무묘법연화경'만을 받들어 부르면 구원이요, 불신하면 절대로 성불이 안 된다고 합니다.

이렇듯, 불교도 잘못 전하게 되면, 가정의 화목, 상식적 대인관계 등 아주 기초적이고 보편적인 것들조차 경시하게 될 수 있습니다. 개신교 일부가 성경의 문자에만 천착하고 '성경무오류설'을 맹신하여 다른 이들과 배타적 관계를 맺으면서 가정불화를 비롯한 사회와의 분쟁을 일으키듯이, '나무묘법연화경' 식으로만 신앙하게 하면 불자들끼리 서로 적대시하는 폐해가 야기됩니다.

　단언하건대, 불교는 그런 것이 아닙니다. 도리어 평화와 화합, 자비상생의 종교입니다. 법화경의 '구원실성론(久遠實成論)'에서 이르듯, 우리의 마음은 본래부터 무엇에도 물들지 않은 청정·대자유 부처의 본질을 지니고 있기에, 마음먹은 것을 믿으면 부처의 능력이 절로 작용되므로 본래부터 구원받을 필요가 없는 부처 그 자체입니다.

　이를 믿고 부처님 말씀에 따라 계행을 지키고 마음만 밝히면 그 누구나 성불의 문에 들 수 있습니다. 이를 '직지인심 견성성불(直指人心 見性成佛)'이라 합니다.

　끝으로 본 기도경의 편역은 여러 고명하신 스님분들의 불교학 자료들을 많이 참조하여 집필하였으며, 이에 깊은 공경과 감사의 말씀을 드립니다. 혹시 본의 아니게 일일이 출처를 올리지 못한 부분이 있다면 넓은 아량으로 혜량(惠諒)하여주시기를 바랍니다.

　그리고 이 책이 나오기까지 물심양면의 도움을 주신 영암(瀛巖) 이재현 회장님, 무위성 시정희 불자 가족, 교정을 도와준 서울대 대학원 철학과 오지호군과 충북대 행정학과 한승연 교수께 심심한 감사를 표합니다. 아울러 법공양하신 여러 시주 불자님과 항상 곁에서 묵묵히 헌신을 다한 지암 사문과 혜명 행자, 그리고 교정 동참 대중께 이 공덕을 회향합니다.


나무불,

나무법,

나무승.

佛紀 2552年(2008年) 夏安居

海印寺 沙門 釋覺山 合掌頂禮

# 경전독송 공덕

부처님께서는 진정한 공양이란 삼매에 이르는 참선과 경전독송이라며, 그 공덕에 대해 다음과 같이 설하셨습니다.

"나에게 은혜를 갚고자 하는 이는 반드시 꽃이나 향이나 풍악 등으로 공양할 필요가 없느니라. 경전독송과 그리고 ~중략~ 내가 가르친 바대로 실천하는 것이야말로 나에게 올리는 진정한 공양이니라."(『디가니까야(장아함경)』)

『앙굿따라니까야(증일아함경)』에 나오는 말씀입니다.

여덟 가지 흠이 있으니, 제일 처음의 흠은 경전을 읽지 않는 것이니, 진리에 대한 무지함의 흠이요. 일찍 일어나지 않는 것은 집안의 흠이며, 행실이 올바르지 못한 것은 여인의 흠이며, 욕심이 많아 인색한 것은 보시의 흠이며, 번뇌망상은 금생과 내생의 흠이다. 그러나 흠 중에서 가장 심각한 흠은 [경전의 가르침과 그에 대한 실천인 참선수행으로 깨치지 못한] 무지함의 원인인 무명(無明)이다.

「열반경」 상권의 기록입니다.

무명(無明)이다. 수행자여, 경전의 가르침을 깊이 생각하여 항상 마음속에 간직하고 ~중략~ 내가 말한 경전을 독송하면 어리석고 사악한 삿된 마음을 떨쳐버리게 된다. 마치 옷에 때가 묻었을 경우에 잿물로 몇 번이고 빨면 때가 빠지고 옷이 깨끗하게 되는 것처럼 마음에 어리석고 삿된 생각이 일어날 때는 경전의 독송으로 그 의미를 깨달아 마음의 삿된 때를 씻어버려야 한다.

도를 얻기 좋아하고 세속의 영화에 집착하지 않는 자는 반드시 경전을 독송해야 할 것이요, 수명장수하거나 천상에 태어나기를 바라는 자도 반드시 경전을 독송해야 할 것이다.

# 경전출판 공덕

예전에는 인쇄기술이 여의치 못해 직접 사경을 하여 경전을 유포하는 식으로 법공양 공덕을 지었습니다만, 인쇄기술이 발달한 현대에는 경전출판의 법공양으로 바뀌게 되었습니다. 부처님의 말씀이 아무리 좋다한들 전달되지 않으면 무슨 소용이 있겠습니까. 그래서 부처님께서는 법공양, 즉, 법의 유포인 경전출판을 최고의 공양으로 여기셨습니다.

부처님께서 무량한 중생들을 위하여 45년간 설법하신 말씀을 집대성한 것이 대장경입니다. 이 속에는 심히 깊고 오묘한 진리법과 만고불변의 이치가 담겨 있습니다. 이렇듯 소중한 보배이며, 인류의 문화유산 가운데서도 가장 으뜸이 되는 불경을 출판하는 법공양의 공덕을 어찌 범부의 사량(思量)으로 헤아릴 수 있으며, 말로 다할 수 있겠습니까?

'무릇, 바라는 바 소원을 기원하거나, 무병장수를 원하고, 집안에 우환과 재난을 면하고자 하거나, 잘못을 뉘우치고 참회하여 업장소멸을 바라거나, 공무원 시험이나 합격발원, 취업과 입시 등의 시험에 임할 때 모두 기쁜 마음으로 경전을 인쇄하여 널리 보시하거나 불사에 힘쓰고, 권한다면 그 무엇을 이루지 못하겠는가'라고 역대 고승들께서는 말씀하십니다.

아무쪼록 이 『법화삼매참법』 기도경이 많이 출판되고 유포되어, 큰 꿈을 지닌 분은 대원이 성취되고, 가난하고 힘들고 고통 받는 이, 여러 가지 병고로 고통 받는 이, 삶의 상실과 좌절로 인해 희망을 잃어버린 이, 다시 어떻게 해볼 수도 없는 이러한 이들에게 부처님의 불가사의하고 신비한 기적 같은 힘이 다시 일어설 수 있는 계기를 마련해주길 바랍니다. 이러한 법공양에 동참하신다면 그 복덕과 공덕이 본인은 물론이요, 자손

만대까지 이어져 번영하고 부귀영화를 얻을 것이며 또 만사형통할 것입니다.

부처님께서는 "법이 존중되면 그 까닭으로 많은 부처님이 출생한다"고, 법공양 출판공덕의 수승함을 이르시며 꼭 법공양을 실천하라고 강조하셨습니다. 다음은 『화엄경』에 나오는 법공양의 으뜸공덕에 관한 구절입니다.

"선남자여, 모든 공양 가운데 법공양이 가장 으뜸이니, 이른바 부처님 말씀대로 수행하는 공양, 중생을 이롭게 하는 공양, 부지런히 선근을 닦는 공양, 보리심을 여의지 않는 공양으로 많은 공덕을 짓느니라."171) (「보현행원품」)

---

171) 법공양 출판의 열 가지 공덕은 다음과 같다.

(1) 이전에 지은 갖가지 죄악과 과오가 있더라도, 죄과가 가벼운 사람은 선 자리에서 곧 소멸되고, 무거운 사람은 점차 가벼워진다.

(2) 항상 길한 천신이 보호하므로 전염병이나 수재·화재, 도적이 침범하거나, 흉기에 다치거나, 감옥에 갇히는 등의 일체 재난을 당하지 않는다.

(3) 오래도록 원한이 맺힌 원수를 대하더라도 감응시켜 법을 이익 되게 하고 해탈을 얻게 하므로 원수로부터 보복당하는 고통을 영원히 면한다.

(4) 야차와 악한 귀신이 능히 침범치 못하고, 독사나 굶주린 호랑이 등 일체의 짐승들이 해치지 않는다.

(5) 마음에 안위를 얻고, 날마다 험한 일은 없어지며 밤에는 악몽을 꾸지 않고, 얼굴색이 빛나고 윤택해지며, 기력이 충만하여 넘치고, 하는 일마다 길하고 이롭게 된다.

(6) 지극한 마음으로 불법을 받들므로 비록 구하고 바라는 것이 없어도 절로 의식이 풍족해지고, 가정이 화목하며, 복덕과 수명이 길어진다.

(7) 말하고 행동함에 사람과 하늘이 기뻐하므로 어느 곳에 가더라도 항상 많은 대중이 정성을 기울여 사랑하고 받들며 공경한다.

(8) 어리석은 사람은 지혜로워지고, 병든 사람은 건강해지며, 빈곤한 사람은 부자가 되고, 여자의 몸이지만 원하면 남자의 몸을 빨리 받게 된다.

(9) 지옥·아귀·축생과 같은 악도를 길이 여의고, 선도에 태어나며, 얼굴의 생김새가 단정하며, 복록이 수승해진다.

(10) 능히 일체 중생을 위하여 선근의 종자를 심으며, 중생의 마음으로 큰 복전을 지어서 헤아릴 수 없는 수승한 과보를 얻어 나는 곳마다 항상 부처님을 뵈옵고 법을 얻어들음에 곧바로 삼혜(三慧)가 크게 열리어 육신통을 증득하고 속히 성불하게 된다.

- 인광대사(印光大師·1861~1940)의 『印造經像之功德』-

# 경전출판 공덕으로
# 불치병이 완치되다

대전직할시 동구 삼성1동에 사는 심인식 불자님은 1남 3녀를 두었습니다. 막내딸이 서울로 시집가서 사는데 기해생(1959년생)이 됩니다. 그 딸이 3년 전에 심한 가정불화로 큰 충격을 받아 그 후부터 무서운 간질병을 얻어 한약과 병원 치료를 하여도 아무 소용이 없었습니다.

약으로 임시 발작만 방지하는 가운데 딸의 남편이 모 은행 간부로 미국 지점에 3년간 근무하게 되어 기사년(1989년) 4월에 초등학교 다니는 어린 두 딸과 전 가족이 미국에 가서 살게 되었습니다. 경오년(1990년) 5월에 수족이 불편하여 미국병원에 입원치료를 하였지만 효과가 없고 좌측 한 편을 완전히 못쓰게 되어 병원에서도 더 이상 치료불능으로 퇴원하였다는 전화연락을 받았습니다.

아버지인 심인식 불자는 딸의 신병 치료를 완전히 단념하고, 단지 누워서 오래 고통을 당하지 아니하고 속히 이 세상 업보를 청산하고 다시 태어나기를 부처님께 발원하는 목적으로 평소에 다니는 충남 금산군 대둔산 태고사 주지스님께 이 사실을 말씀드리고, 경오년 음력 6월 18일에 법화경 200부 경전 출판 시주를 올렸습니다.

그 후 심인식 불자는 꿈에 어느 집 창고의 쓰레기 청소를 말끔히 해주는 현몽을 받았으며, 6일 후에 미국에서 딸이 직접 아버지께 전화를 했는데, 뜻밖에 못 움직이는 한쪽편의 사지가 움직인다는 전화를 받고는 너무나도 감격한 나머지 울면서 말하기를 "오냐, 너는 이제 틀림없이 살아 일어나리니 지성껏 부처님을 염불하라"고 하였습니다.

딸의 불치병으로 인하여 사위가 3년 기한을 못 채우고 한국으로 돌아가야겠다고 본사에 이미 전에 전근 신청을 하여 한국으로 와서, 지금은 서울에서 아무 이상이 없이 몸 건강하게 잘 살고 있으며, 불치병도 완전히 완치되었다는 병원의 뇌사진도 나왔습니다.

이 분은 그 뒤에 더욱 신심을 내어 신미년(1991년)에 경전출판 불사에 추가로 더 보시하였습니다. 참으로 부처님법과 경전에 감사드리며 법화경전 출판시주공덕으로 딸의 생명을 구하였음에 감사드린다며 심인식 불자님께서 해룡사로 신미년 음 6월에 서신 연락이 왔기에 간추려 영험록에 올려봅니다. (海龍寺版『法華經 靈驗錄』)

# 체험 수기

# 희귀병도 남편도 나아졌어요

## [ 희귀병 치유와 가내평안 ]

부처님께 귀의합니다. 각산 스님께 감사드립니다.

스님을 만나 뵈어 인연 지은 지가 벌써 많은 세월이 흘러 춘삼월 봄에 이르렀습니다. 병들고 지쳐 힘겨울 때, 미궁 속으로 빠져들던 저를 지금 이처럼 바로 서게 해주신 스님의 은덕은 결코 잊지 못할 것입니다. 『법화 삼매참법』의 법력과 백팔배의 위력은 그 무엇과도 비교될 수 없음을 새삼 깨닫게 되었습니다. 법화참법 기도를 하면서 제 살아온 길을 되돌아보게 되었고, 그러면서 무아(無我)를 조금씩 알아가는 계기가 되었습니다.

아롱아롱 잘 보이지도 않는 눈으로 경전을 독송하고, 제대로 걷지도 못하는 몸으로 백팔배를 한다는 건 상상조차 힘든 병고의 상태였지만, 내가 할 일이란 이것, 기도하는 것밖에는 없다는 생각에 고통을 무릅쓰고 시작하였습니다. 이 기도는 힘들고 아픈 고통을 벗어나 살아야 한다는 마음보다는, 또 다시 쓰러져서 가족들과 친지, 그리고 저를 아는 여러 동료들께 걱정 끼치고 싶지 않다는 마음으로 열심히 정진하게 되었습니다.

경전을 아무런 마음 없이 자꾸만 읽어가기를 30독째, 어느 순간 무언가, '아~!' 하는 마음을 보게 되면서 '나는 지금껏 나 아닌 나를 괴롭혔구나' 자각하게 되었고, 아상 덩어리인 나의 마음을 조금씩 내려놓기를 실천하게 되었습니다.

스님! 스님께서 하신 말씀이 아직도 귓가에 쟁쟁하게 맴돕니다. "보살님! 절하다 죽었다는 말은 못 들어봤으니 5분을 백팔배라 생각하고 시작

해보세요!"

더불어, 『법화삼매참법』 100독을 하면 이루지 못할 소원이 없다 시던 말씀에 (잘 보지도 못하는 시력에) 법화참법 기도를 매일 20분씩 올리면서 백팔배를 하겠다는 원을 세우고 기도 입재를 하게 되었습니다.

스님께서 가르쳐 주신 기(氣) 호흡법의 절을 5분에 겨우겨우 3배를 해내며, 그러기를 1주일~몇 달이 지나도록 힘겨운 육체적 고통을 참고 이겨낸 결과, 어느 날부터는 20분에 백팔배를 다 해낼 수 있었고, 눈도 좋아져서 경전이 읽어지기를 60독, 90독, 기어코 100독을 1년여에 걸쳐 해낼 수 있었습니다.

그렇게 부처님 법에 귀의하는 동안, 꿈속에서 부처님을 친견하는 영광을 누리는 등의 많은 기도체험을 했습니다. 저는 희귀병으로 신장과 모든 장기들이 파괴되어 병원 입원치료를 받았었고, 2008년 5월 9일 퇴원할 당시에는 신장 재생이 어렵다는 판정을 받았었습니다.

그런데 부처님 가피를 받아서인지, 법화삼매참법과 백팔 배 기도를 하면서 통원치료 2년 7개월이 지나, 작년 2010년 초 겨울에 병원 내진을 받을 때는 의사선생님 말씀이 신장 기능이 회복되어 간다고 하셔서 너무 놀랐었습니다. 그 후 2011년 2월 진료 때는 관리를 잘했다며, 퇴원 후 3년여 간 매월 서울까지 다니던 진료를 이제는 한 달 쉬고 오라는 말씀에, 2개월 치 복용약을 받아 진주로 돌아오는 발걸음이 얼마나 가볍고 행복했던지 모릅니다.

스님, 정말 감사합니다. 스님을 만나 뵙지 못했으면, 이 큰 행복, 이 소중함을 어찌 맛볼 수 있을 것이며, 이렇게 사람구실을 하고 살 수 있을까 생각합니다. 하루하루 건강이 회복되어 백팔배와 스님이 주신 초기불교 기도법 『붓다의 기도경』 그리고 스님께 참선을 지도받는 삼칠기도의 회향을 해보고, 백팔배 백일기도도 회향하는 기쁨을 누리게 되었습니다.

긴 세월, 많은 것을 잃고 아프고 힘들었지만, 그보다 더 큰 소중한 보물을 받았습니다. 그동안 말없이 목석처럼 묵묵히 지켜만 보던 우리 남편도 달라졌어요. 저보고 (죽지 않고) 살아줘서 고맙고, 힘든 생활 참고 살면서 아들딸 잘 키워줘서 고맙다 하시네요. 이보다 더 큰 보배로운 말이 어디 또 있겠습니까?

이젠 욕심 없이 자연의 순리대로 열심히 행복하게 살렵니다. 보기 안타까운 저를 놓치지 않고, 지켜주시고 격려해주신 스님께 정말정말 감사드리며, 두손 모아 합장 올립니다. 부처님 불법 만나 참 행복합니다. 똑똑하기보다 지혜 있는 사람이 되고 자비관을 실천하는 보살이 되기를 발원합니다.

나모붓다사, 나모붓다사, 나모붓다사.

불기 2555년(2011) 3월 21일
진주시 선일화 이 정 숙 올림

# 부처님 법으로
# 불굴의 의지를 키우다

**[ 공무원시험 합격, 대인기피증 완치 ]**

저는 1970년 음력 10월 10일 오전에 주변의 축복과 기대를 한 몸에 받고 태어났습니다. 엄격한 가풍 덕에 대학 1학년 때까지는 남들의 기대를 한 몸에 받으며 정말 모범생으로 컸습니다.

하지만 그 행복의 여신은 저희를 외면하고 말더군요. 한창 공부할 대학 1학년 때 청천벽력처럼 아버지께서 위암 판정을 받게 되신 겁니다. 처음엔 대수롭지 않게 생각했지만, 암이란 존재는 정말 무섭더군요. 돈도 돈이지만 암의 고통이 당사자뿐만 아니라 주위사람들에게도 얼마나 큰 고통을 주는지 시간이 지나서야 알았습니다.

고통을 인내하는 아버지의 모습을 지켜보는 가족이 더 힘겨웠고, 집안은 항상 우울했고 어두운 기운만 감돌았습니다.

아버지가 임종하시던 날, 솔직히 돌아가시고 나면 이제 서로의 고통은 끝나겠지 하는 불손한 마음이 들기도 했습니다. 하지만 돌아가시자마자 새로운 불운이 연이어 닥치더군요. 아버지의 큰 그늘이 없어지자, 순진하기만 하던 저로서는 각박한 세상을 살아가기가 벅찼습니다. 믿었던 사람들의 배신, 경제적 어려움 등으로 제 성격은 거칠어져 갔습니다. 아니, 거칠어져야 세상을 살아갈 수 있다고 의도적으로 바꾼 건지도 모르겠습니다.

사람들을 이유 없이 원망하고 미워하면서 악으로 공무원시험 준비를 했지만 악한 마음만 늘고 시험은 매번 떨어졌습니다. 그러다보니 대인기피증까지 생겨, 고시원이나 도서관에서 다른 사람들과 어울려 공부할 수도 없게 되었습니다.

하지만 부처님은 저를 버리지 않으시더군요. 공무원시험 공부할 장소를 찾던 사흘째 되던 날, 드디어 각산 스님께서 수행하시는 자그마한 토굴 절에 발을 들이게 된 겁니다.

들어서자마자 왠지 내 집 같은 편안한 맘이 들었습니다. 정말 그런 편안함을 느껴본 지가 얼마만인지 까마득했습니다. 힘들고 분통 터지고 서운하고 우울한 제 마음을 부처님이 알아주시고 '여기 내려놓아라' 하시는 말씀이 들려왔습니다. 절에서 스님을 처음 뵈었는데 참으로 따스해 보이시고 교양미가 넘쳤습니다. 그것이 스님과의 첫 인연이었습니다.

그 뒤로 스님의 토굴 절에서 생활하게 되면서 스님께서는 참선과 기도를 하면 시험에 꼭 합격한다고 권하셨습니다. 처음 명상을 하게 되었는데 잡념이 너무 떠올라 힘들었지만 포기하지 않고 계속하니 어느 순간 수정보다도 맑은 파란 불빛이 쭉 뻗어나가는 이상한 경험을 하게 되었습니다. 그 뒤로 명상을 하게 되면 집중력이 향상되고 마음이 평온해지는 것을 느꼈습니다.

처음에는 반신반의로, 규칙적이지도 않고 억지로 하게 되었지만, 할수록 못 믿을 정도로 몸도 좋아지고 집중력은 배가 되었습니다. 하루도 빠짐없는 백팔배와 명상수행 10분, 그리고 『법화삼매참법』 독송 30분 정도. 처음에는 시간낭비라고 생각했지만 막상 해보니 수행에 투자한 시간 이상으로 공부에 많은 도움이 되었습니다.

일단 마음이 흔들리지 않고 강한 정신력과 체력을 키우고 엄청난 집중력을 갖게 되었습니다. 2007년 운명의 공무원시험을 치르고 고사장을 떠나는 날 저는 포기했습니다. 너무 시험이 어려웠기 때문입니다.

'이제 인생이 끝이구나' 하는 생각을 온몸 세포가 느끼는 듯했습니다. 하지만 합격자 발표일, 손을 덜덜 떨면서 컴퓨터로 명단을 확인했습니다.

그런데 이건 기적이었습니다! 제 이름이 명단에 있었습니다. 그것도 단 한 명만 뽑는 지역에 말입니다.

순간 모든 서러움이 사라지고 부처님의 법이 얼마나 위대한지를 새삼 느꼈습니다. 저의 영광은 저 혼자 이룬 게 아니라, 스님 덕분입니다. 스님의 가르침이 아니었던들 제가 어찌 부처님법의 위대함을 알았겠습니까. 그리고 하루같이 기도와 불경을 손에서 놓지 않으셨던 저의 어머니 덕분이라고 생각합니다.

앞으로도, 더욱 더 자신을 낮추고 부처님 말씀을 놓치지 않으며 정진하겠습니다.

불기 2553년(2009) 4월

경남 고성군 농촌지도소 공무원 觀虛 남택명 삼가씀

# '참나'를 찾다

## [ 자존감 회복, 만성병 호전 ]

저는 『법화삼매참법』 백일기도 중에 있는, 체험학습 경남교육원을 운영하고 있는 29살의 젊은 여성입니다. 처음 백일기도를 시작할 때는 스님이 계신 지관사 토굴 절에서 5박 6일의 수행지도를 받고 지금은 집에서 기도와 수행을 하고 있습니다.

짧은 기간이었지만 10년을 정말 열심히 살았던 시간과도 맞바꿀 정도로 저에겐 큰 지침이 되었고 각산 스님과 토굴 스님들의 크나크신 사랑을 배우고 왔습니다.

저는 대학에서 호텔관광을 전공했지만, 입학 후 딱 한 달만에 전공과목에 회의를 느끼게 되었습니다. 그러던 어느 날, 갑작스런 아빠의 죽음이 제 삶을 더욱 경직시켜버렸습니다. 하루아침에 집안의 가장이 돼버린 셈이었지요.

책임감과 의무감으로 원치도 않는 일을 하다 보니 부모님 원망, 스스로에 대한 자책과 남들과의 비교로 자신을 할퀴며 상처 내는 나날이 이어졌습니다.

그러는 동안 정작 '내가 누구인가?'라는 근원적 의문이 들면서, 심리학·철학책도 읽고 심리치료도 받아봤지만 고민은 풀리지 않아 정말 패닉상태로 하루하루가 얼음 위를 걷는 기분이었습니다.

그러던 어느 날 각산 스님을 뵙게 되었고, 그 이후로 조금씩 공황 상태의 마음은 진정되어 갔습니다. 스님의 가르침은 메마른 땅에 비 같은 존재였습니다.

『법화삼매참법』기도를 하면서 2일·3일째 되던 날, 법당에서 정말 수없이 많은 눈물을 흘렸습니다. 그토록 바라고 보고 싶었으나 보지 못했던 나 자신을 들여다보니 제 자신이 상처투성이에 너무도 많은 아픔을 지닌 걸 보았기 때문입니다. 늘 나보다는 남을 생각하고 맞춰야 했던 마음들이 고스란히 나에게 화살로 쏘아졌고 억누르며 절제되어야만 했었습니다. 결핍투성이기에 상처받지 않으려는 보호막을 치고 되레 남을 공격하는 방어자세로 살아왔다는 걸 깨달았습니다.

제 행동을 돌이켜보면서 하나하나 짚어보니 한없이 부끄럽고 창피하고 불안함에 몸부림쳤다는 생각이 들었습니다. "남들에게 칭찬받는 건 그때 뿐이야. 내가 나를 칭찬해줄 수 있어야 해." 스님의 말씀대로 내가 나를 아껴야 했습니다.

저는 본래 순수 그대로였는데, 살아오면서 의식·관념·행위들이 더해짐으로써 자꾸만 과업을 짓는 것 같습니다. 정작 제가 해야 할 일은 자신의 상처를 쓸어주고 보듬어주는 것이었습니다. 제 짧은 기간의 기도가 10년은 흐른 느낌이었습니다. 이번 기도하는 동안, 고등학생 때부터 신경만 쓰면 생리주기가 불규칙해져서 온갖 약으로도 나아지지 않던 숙병을 부처님 은덕으로 고치게 되었습니다.

스님을 뵌 이후로 여러 가르침으로 늦게나마 대학원에 다니며 정말 원하는 공부도 하면서, 체험학습교육원을 개원하여 원장 겸 강사로서 하루하루가 다르게 변화하는 제 모습을 보며 인생의 행복을 확신하게 되었습니다.

무엇보다도 스님이 늘 말씀주시는 "자네를 믿게나…"라는 말씀을 머리로 이해가 아니라 이제는 마음으로 느끼며 저에 대한 믿음이 커지는 것을 봅니다. 『법화삼매참법』기도수행으로 무슨 일을 하더라도 다 내편이 된 것만 같습니다. 이후부터는 피할 수 없는 난관과 시련이 생겨도 도리어 더 큰일을 성취하고 잘되는 쪽으로 풀리기 때문입니다. 체험학습 사업도 일 진행이 빨라져 어리둥절할 정도입니다.

이로 인해 저는 앞으로도 수행정진을 게을리 하지 말자고 다짐하게 되었고, 미래의 일들에 두려움도 없어졌습니다. 스님께 진심으로 감사드립니다.

불기 2553년(2009) 8월
부산시 연제구 거제1동 경동아파트 윤 경 옥

# 출가 치유기

**[ 출가로 불치병 치유, 아들 공무원 합격 ]**

저는 여자로 늦은 나이 50세에 출가의 길에 접어든 혜명이라고 합니다. 2007년 4월에 스님을 처음 뵙고 그동안 풀리지 않았던 불교의 이치와 수행이 하나하나 실타래 풀어지듯 해결되면서, 마음의 광명이 찾아들었습니다.

그러던 어느 날 스님의 한 법문에 그동안 저를 둘러싼 껍질을 깰 수 있게 되었고, 그토록 요연하게 멀었던 출가의 마음을 스님께서는 아주 간단히 일으켜주셨습니다. 저는 그길로 남편과 시어머니 그리고 다 큰 세 아들에게 출가의 허락을 구했습니다. 조계종 규정에 따라 이혼수속을 밟고, 일단 스님을 스승으로 삼아 출가하여 한철 모시면서 수행자의 길과 참선을 배우고 수행했고, 지금은 수덕사에서 정진하고 있습니다.

세속에 살 때는 사회와 가정에 융화되지 못하고, 스님도 아니면서 사는 삶이 꼭 스님생활 같았습니다.

언제부턴가 마음이 우울해지며 몸이 땅에 붙는 것 같고, 삶에 의미가 없어지면서 살고 싶지 않은 맘이 내내 이어졌습니다.

몸이 아프기 시작하면 식음을 전폐하고 꼼짝할 수 없었지만 병원에서는 아무런 증상이 없다고 했습니다. 겉으로는 별문제 없어 보였지만 내 안은 진종일 전쟁터처럼 불안·걱정·초조·상념만이 가득했고, 상태가 심해져서, 죽을 마음에 약도 먹어보았지만 죽는 것도 마음대로 되지 않았습니다. 조상천도나 굿도 해봤지만 아무 소용없이 고통은 계속되었습니다.

그러던 중, 불교기도가 업장소멸과 집착 놓는 데는 그만이라 길래, 가사일 제외하고는 일념으로 불교기도에 매진하게 되었고, 기도 중에 태양 크기의 빛을 가슴으로 받은 경험이 있었습니다.

그러나 그런 현상들에 대해 지도해줄 분이 아무도 없었습니다. 그런데 각산 스님을 친견하게 되면서, 제게 빛(심월)이 있었는지를 어떻게 아셨는지 한눈에 알아보시면서 빛에 대해 물으셨습니다.

그렇게 인연됨의 가피를 입어 지금의 스승님 각산 스님께 수행을 지도받는 은혜를 입으니, 그때부터 제 삶은 완전히 바뀌게 되었습니다.

스님을 뵌 지 얼마 후, 스님의 토굴에서 21일의 집중수련을 하게 되었습니다. 그렇게 정진하면서 행복한 마음이 연속되었고, 둘째 아들도 스님을 친견한 후부터는 스님이 가르쳐주신 방법대로 기도를 하더니 수백 대 일의 관문을 뚫고 경찰공무원에 합격하자 더 이상 세속의 미련이 없어졌습니다.

급기야 잠자던 출가의 본성이 일깨워졌고, 저는 모든 걸 스님만 믿고 의지한 채 세속의 연을 정리하고 출가했습니다. 스승님을 직접 곁에서 뵈오니, 세속에서 뵈올 때나 정진하심이 한결같은, 한 치의 소홀함 없는 올곧은 그 모습은 부처님 계율대로 실천수행하며 사시는 참다운 출가자의 모습으로 여겨졌습니다.

곁에서 뫼시며 스승님의 법에 관한 엄격함과 강인함, 찬듯하지만 따뜻한 성품, 작은 부분에도 가르침과 관심을 주심이 어머니 같은 본성을 보았고, 부처님 마음임을 알았습니다. 자기 안의 소리는 보지도 듣지도 않고, 밖에서만 문제를 풀려니 십년공부 헛수고였음을 알았습니다.

스승님을 인연한 이후부터는 그간의 고통과 괴로움들이 도리어 지금의 나를 발견하는 지렛대가 되어줘 수행에 큰 힘이 되었습니다.

이 늦은 나이에 부처님 정법제자가 되었음을 지극한 마음으로 스승님께 감사의 예를 올립니다.

다음 생에는 남성 몸 이루어 비구수행자 되어, 돌아오지 않는 불환과
를 이루리라는 큰 서원의 원력을 세워봅니다.
　　나무불·법·승. 나모붓다사!


불기 2553년(2009) 8월

혜명 삼가 올립니다.

# 불행 끝, 행복 시작

**[ 아들 공무원 합격, 허리디스크와 심장 호전 ]**

저는 올해 58세로, 경남 진주시 사봉면에서 부처님 공덕으로 건강한 육체와 정신을 되살려 삶의 여유를 찾게 된 자혜심 김도선이라 합니다. 평생 처음으로 이런 여유와 행복감을 누리게 되어 약간 두렵지만 부처님의 은덕이기에 감사하며, 항상 부처님께 보은하면서 나태해지지 않기 위해 노력하고 있습니다.

저는 조실부모하여 부모님의 따뜻한 사랑과 주위의 정을 받지 못하고 거의 고아처럼 성장했습니다. 결혼 후 자식을 낳고 20여 년 동안 부유하지는 않아도 작은 행복감 속에서 나날을 보냈지만, 남편의 갑작스런 위암 판정에 또 한 번 세상을 원망하게 되었습니다. 뼈 빠지게 고생해서 저축한 돈이 거짓말처럼 물거품같이 사라지더군요. 남편을 살리려는 일념으로 갖은 고생을 다했지만 남편은 결국 저세상 사람이 되었습니다.

남편의 병고와 자식의 학비 마련을 위해 어떤 일이든 마다않고 닥치는 대로 일을 시작하자, 젊은 시절 무리한 농사일로 약해졌던 허리가 갖은 막노동으로 악화돼 디스크까지 발병했습니다. 온갖 처방에도 그때뿐 허리는 좋아지지 않았고, 게다가 공무원시험을 준비하던 큰아들은 계속 떨어져 이중고에 시달려야 했습니다.

그러던 어느 날, 각산 스님과 인연을 맺게 되었습니다. 처음에는 아들 공부 뒷바라지 때문에 인연을 맺었지만, 갈수록 스님이 계신 절이 나의 절이라는 생각을 갖게 되었습니다. 스님께 기도와 백팔배 절하는 법을 다시 배우며, 각종 부처님 말씀들을 접하게 되었습니다. 스님이 가르쳐주신 대로 삼칠일기도와 백일기도를 올리면서 동시에 백팔배를 이어가던 어느 날, 돌연 천상의 꿈도 꾸고 기도와 참선 중 환한 빛이 몸에 비치자, 허리가 몰라 볼 정도로 좋아졌습니다.

허리뿐만 아니라, 약한 제 심장도 강건해졌고, 생각지도 못했던 겹경사로 큰아들이 공무원시험에 합격했습니다. 정말 저도 모르게 눈물이 줄줄 흘러내렸습니다. 그 뒤로 부처님의 은덕은 내가 한 만큼, 내가 믿은 만큼 보답해주신다는 것을 알았습니다.

그리고 스님의 법력으로 좌선 시 삼매를 얻게 되어 온몸을 감싸는 심월(니밋따)의 빛 속에서 누리는 수행기쁨은 이루 말할 수 없습니다. 마음을 들여다보게 됩니다. 세상의 삶이 달라 보입니다. 불법의 가르침이 이렇게 좋을 수 없습니다.

이제 저의 집안은 다시 일어나 활기를 되찾았습니다. 다시금 각산 스님의 은혜에 감사드립니다. 스님의 남다른 법력과 지도가 아니었던들 어찌 이런 가피를 받았겠습니까. 더욱 더 열렬하게 부처님과 스님을 믿고 의지하며 기도정진하여 부처님 은혜에 보은하며 겸손하게 부처님 법대로 살겠습니다.

불기 2553년(2009) 4월
진주시 사봉면 부계리 慈慧心 김 도 선

# 백일기도로 되살린
# 가족의 소중함

**[ 중증 위궤양·목디스크·만성우울증 완치, 2억원 부채탕감 ]**

저는 각산 스님의 토굴에서 내려다보이는 작고 아담한 마을 수동에서 태어나 자라고 지금은 의령에서 살고 있는 47세 된 이준식입니다. 제가 처음 각산 스님을 뵌 것은 지난 3월에 가족묘지 조성을 하고 있을 때 스님이 오셔서 "자리가 참 좋습니다" 하시고는 그냥 스쳐 가신 게 전부였습니다만, 저는 속으로 '참, 인상 좋은 스님이구나'라는 생각을 했었습니다.

2달 후 아버님께서 노환으로 별세하셔서 영정을 스님의 토굴에 모시게 되었습니다. 49재 초재 때 저와 아내가 스님을 뵙고 "저희가 이혼하려는데 어떻게 하면 좋겠습니까?" 여쭸습니다.

스님께서는 "그럼 3개월간만 떨어져서 간섭하지 말고 살아본 뒤에 다시 결정하면 어떻겠냐?" 하시면서, 저보고 백일기도를 한번 해보라 권하시기에 건성으로 "생각 좀 해보겠습니다" 하고 집에 돌아왔는데, 백일기도 한번 해보는 것도 괜찮겠다는 생각이 무심결에 들었습니다. 그러나 막상 일을 놓고 떠나려니 차일피일 미뤄지기만 했습니다.

사실 그때만 해도 제 삶은 앞이 안 보이는 안개가 꽉 끼여 있었습니다. 사는 재미도 없고 뭘 어떻게 해야 할지 생각도 나지 않았습니다. 만성 스트레스성 우울증으로 두통이 심해서 신경정신과 약을 4년 동안 먹고 있었고 목 디스크에다, 아버님께서 돌아가신 뒤로는 몸이 더 안 좋아져 몸무게가 한 달 사이에 6kg 정도 줄고 배도 자주 아프고 무기력증에 빠져들었습니다.

급기야 병원에서 위궤양이 심하다는 진단을 받고는 앞이 캄캄해져 고민하던 중에, 불현듯 스님 말씀이 떠올랐습니다. '그래, 부처님께 백일기도 한번 올려보자.' 어차피 바닥까지 떨어진 내 인생과 건강을 한번 챙겨보자는 마음으로 스님의 토굴에서 백일기도를 시작했습니다.

사실 처음에는 기도를 어떻게 해야 하는지도 몰랐습니다. 그냥 스님께서 일러주시는 대로 『법화삼매참법』 기도를 열심히 간절한 마음으로만 기도했습니다. '대자대비하신 부처님, 간절한 마음으로 기도드리옵니다. 저도 이제는 모든 고통과 장애가 사라지고 건강도 좋아지게 해주십시오' 라고 무조건 기도했습니다.

그렇게 기도하기를 7일 정도 지나자, 몇 년을 따라다니던 두통이 저도 모르게 사라져 약을 안 먹게 되었습니다. 4년 넘게 먹던 약을 단박에 끊어도 머리가 안 아프니 이 얼마나 좋은 일입니까!

'부처님께서 내 기도를 들어주시는구나' 하는 믿음이 들자 더욱 더 열심히 기도하게 되었습니다. 그때부터 신기하게도 심한 위궤양이 완치되었고, 목 디스크 통증도 사라졌습니다. 이를 믿어도 될지, 저도 모를 지경이었습니다. 게다가 기적처럼 기도 중에 2억까지 벌게 되었습니다.

저는 은행부채가 2억 5천만 원 정도 있어서, 늘 빚 독촉에 그 고통은 이루 말할 수 없었습니다. 마침, 기도 들어오기 며칠 전에 국가신용회복위원회에 신용회복 신청을 해놓고 왔었습니다(작년에 한 번 신청했었지만 안 되었습니다). 그래서 저는 부처님께 기도할 때마다 '부채가 탕감되게 해주십시오.' 하고 간절하고 간절한 마음으로 기도했었습니다.

그렇게 기도하던 7월 어느 날, 꿈속에서 외양간에 소 몇 마리가 보였고, 그 후 8월 어느 날엔 꿈속에서 옥황상제님께서 많은 선녀를 거느리고 있는 모습도 뵈었습니다. 스님께 꿈 얘기를 드리자 그건 재복 꿈으로 조만간 좋은 일이 있을 선몽이라 하셨습니다. 그러자 놀랍게도 이틀 후에 신용회복위원회서 연락이 와서, 4천8백만 원만 8년간 나누어 갚고 나머지 약 2

억 원은 탕감받게 되었던 겁니다.

그 순간 하늘을 나는 기분이었고, 입이 다물어지지 않아 혼자서 자꾸 히죽대면서, '아! 정말 스님 말씀대로 간절한 마음으로 열심히 기도하면 되는구나' 하고 새삼 깨달았습니다.

돌이켜보니, 그동안 아내 속을 많이도 태웠었습니다. 장사가 좀 되자 나도 돈 좀 있다는 자만심에 빠져 돈을 물 쓰듯 했고, 은행대출을 받아 무리하게 집 사고 다른 사업에 투자하고 남들한테 잘 보이려 과시하면서 방탕한 생활을 해왔던 겁니다.

기도하면서 제 자신이 되돌아봐졌고, '참 어리석은 삶을 살았구나' 하는 생각이 가슴에 사무쳐왔습니다. 욕심을 너무 크게 부린 탓이었습니다.

무엇보다 뼈저린 것은, 아내 말만 들었어도 이렇게까지는 안 됐을 거라는 자각이 이제야 들면서 뉘우치게 된 것입니다. 뒤늦게나마 아내에게 용서를 빌고 싶었습니다.

요즘은 마음이 너무 평안하고 행복합니다. 이 마음이 변치 않게 남은 삶은 참되게 살아가겠습니다.

스님, 진심으로 감사드립니다. 제 삶이 바뀌게 해주시고, 인도해주심에 진심으로 감사드립니다. 앞으로는 감사하고 베푸는 마음으로, 부처님 법대로 살아가겠습니다.

끝으로 저를 아는 모든 분들께 부처님의 가피가 있으시길 기도드립니다.

불기 2553년(2009) 9월
경남 창원시 이 준 식

# 빙의에서 벗어나 출가하다

　저는 현재 54세이며 몇 달 전까지는 경찰공무원이었습니다. 공직생활 중에도 좌선을 즐기고 독경과 금식도 해가며 수행생활을 나름대로 해왔습니다. 그러던 중 제게 별 이상한 일들이 자꾸 생겨났습니다.

　제 주위의 몸이 아픈 사람들이나 빙의에 의해 고생하는 사람이 찾아오면 제가 손만 닿아도 씻은 듯이 낫는 일들이 벌어지게 된 겁니다. 아무리 숨기고 피하려 해도 소문이 나다 보니 사람들이 찾아와서, 어쩔 수 없이 몇 번 손봐주고 하다 보니, 도리어 제가 역으로 빙의가 되어 고생하게 되어버렸습니다.

　특히 약 5개월 전에 병원에서 할아버지 한 분이 찾아와, 할머니 한 분이 앰뷸런스 후송 직전인데 고통이 심하다 해서, 안 갈 수도 없어 병원에 가서 병원장 입회하에 여러 아픈 사람들을 그냥 낫게 해주고부터는, 제 몸이 너무 안 좋아져서 대인기피증까지 걸려 사람 만나기가 싫어지는 증세가 한층 더 심해지게 되었습니다.

　문제는, 제 자신이 상대방 환자로부터 빙의를 입는다는 것입니다. 아픈 사람들을 시술만하면 상대방은 병이 낫는 대신 아귀들이 저를 괴롭힌다는 겁니다. 처음에 저는 영적 계통을 부정하였습니다. 그런데 우연히 유체이탈을 하는 한 여성을 치료해주면서 인연이 되어 이런 사실을 질문하니, 상대방의 억울한 귀신이 붙을 데가 없어 저한데 붙으면 천도가 되기 때문에 제게 붙는 거라고 하더군요.

　저는 쓸데없는 소리라고 완강히 부정했지만, 사람을 만나서 치료해주기만 하면 거의 여지없이 머리 및 다리, 무릎, 관절 등에 엄청난 고통을 받았습니다. 처음에는 빙의에 대해 아무것도 몰라서, 정형외과에 가서 물리

치료도 받고 한약도 먹어보고 하였으나 전혀 차도가 없었습니다. 그래서 급기야 2008년 4월 30일에 30여 년의 공직을 마감하고 가평으로 옮겨가서 사람을 멀리하고 바깥출입을 일체 삼가며 토굴생활을 하다가, 5월에는 발길 닿는 대로 돌아다니게 되었습니다. 그러던 중 우연히 고성의 조그만 토굴 절에 들르게 되어 각산 스님을 뵙게 되었습니다.

그런데 뜻하지 않게 스님께서 방을 내주시어 지내게 되면서 참선을 권하셔서 시작하게 되었고, 약 7일 정도 지났을 때, 절에서 마을 신도분의 탈상이 있었는데 또 다시 이른바 빙의현상인 머리가 뻐개지면서 아프기 시작했고, 음식도 걸신들린 것처럼 먹으며 행동거지가 괴상하게 변해버렸습니다.

스님에게 과거 사실을 말씀드렸더니 단번에 간단명료하게 한 말씀 하시는데, 그 법문을 듣다가 '아하! 이 모든 것은 (자기 집착의) 망상이었구나!' 하는 깨침이 들자, 갑자기 까닭 없는 회한의 눈물이 흘러내리면서 머리가 맑아지고 아프던 다리도 가뿐해져 날아갈 듯해졌습니다.

그래도 제 자신이 믿어지질 않아, 아는 지인을 불러 2~3일간 우울증 치료를 해보니 예전 같으면 십중팔구 빙의통증을 입어야 하는데 웬일인지 전혀 이상이 없었습니다. 꿈인지 생시인지 정말 말로 표현하기 어려울 정도로 기분이 너무 좋았습니다. 그 사건을 계기로 스님을 스승으로 모셔 출가하기로 마음먹게 되었고, 아들딸과 아내에게 동의를 구해 지금은 세상사 모든 것을 훌훌 벗고 스님께 수행지도를 받으며 하루하루 수행에 여념이 없습니다.

선지식을 만나 은사로 모시고 하루하루 '신선의 거처'에서 공부하며, 스님의 배려로 정말 극락인지 이승인지 모를 착각 속에서 생활하고 있습니다. 조만간 부처님의 불법이 살아있는 나라인 미얀마로 집중수행을 위해 떠나려고 합니다. 이 감사함과 행복함을 부처님과 스님들께 귀명정례 드립니다.

불기 2553년(2009) 8월
출가 사문 석지암 합장정례

# 마음의 자유

## [ 마음평안과 교육사업 활성 ]

각산 스님에 대해서는 아랍에미레이트 항공사 스튜어디스인 친구를 통해 몇 년 전부터 얘기를 듣고 있다가 2007년 9월에 처음 뵙게 되었습니다. 저는 스님께 마음의 자유는 어떻게 얻을 수 있느냐고 물었습니다. 스님께서는 저를 물끄러미 보시다가 "마음이 자유스러워지려면 먼저 자기의 '참나'를 만나야하고, '참나'를 만나기 위해서는 일단 자기정화가 필요하며, 자기정화는 기도를 통해서 참회가 이루어져야 한다"는 요지로 법문하시며, 우선 간단한 기도부터 해보라고 하셨습니다.

저는 그 당시 대학원에서 철학을 전공하고 있어서 명상과 참선에 대해 많은 관심이 있어 스님을 뵈면 내심 수행법이나 한번 배워보고자 했는데, 기도를 하라고 해서 순간적으로 시큰둥해지며 약간 망설이는 마음도 있었으나, 저도 모르게 그냥 따지지 않고 100일 기도를 한번 해보기로 했습니다.

결론적으로 말씀드리면, 100일 기도를 마치고난 지금, 저에게 100일 기도수행은 일생일대의 가장 영험하고 상서로웠던 체험이었습니다. 단순하지만 명쾌한 수행법인 백팔배 기도를 드리는 동안 일어나는 내적 변화를 어찌 다 표현할 수 있겠습니까? 살아오면서 느꼈던 힘듦, 고달픔, 회한들이 걷잡을 수 없이 들어오더니, 그것들이 이내 눈물이 되어 바닥으로 흘러내렸습니다.

한 번도 자신을 위해 울어본 적이 없었던 제게는 자신을 안아주는 가

륵한 시간이었습니다. 기도를 하면서 그렇게 한없는 눈물을 흘리고 나니, 미움이 다가왔습니다. 때로는 그 상대도 없이 미움이 솟구쳐 올랐습니다. 분출된 미움이 지나가고 나니, 조용히 고요함이 저를 찾아 들었습니다. 고요함은 자신보다 밖을 둘러보게 하였고, 그 고요한 상태, 내적으로 평안한 그 상태는 더욱 굳건히 제 삶을 지켜나갈 수 있도록 했습니다. 그 힘이 제 속에 자리한다는 것을 알고 나서부터는 세상의 보이지 않았던 아름다움이 보였습니다.

저는 현재 부산에 거주하는, 학습교육연구원을 경영하며 부산 부경대학교 평생대학 강사인 29세의 여성입니다. 저는 스님이 시키신 대로 좋은 기대를 안고 아침·저녁으로 각각 30분 정도, 하루에 한 시간 정도『법화삼매참법』기도를 했습니다.

기도를 시작한 지 며칠 뒤, 기도를 하면서 스님께서 모든 것을 제 잘못으로 받아들이라는 말씀이 더 크게 울린 날이 있었습니다.

그리고 기도 20여 일 때에 꿈을 꾸었는데 항상 마음 한편에 걸렸던, 6년 전 유방암 재발로 돌아가신 시어머니 꿈이었습니다.

생시와 어찌 그리 똑같은 참 고운 모습이셨는데, 활짝 웃으시며 큰 상에 앉으시길래,

"어머니, 죄송합니다" 하니 어머니께서 웃으시면서 말씀하셨습니다.

"괜찮다. 사람이 좋으면 만나는 거고, 때가 되면 헤어지는 법도 있다."

그렇게 꿈에서이지만 어머님의 '괜찮다'는 그 한 말씀에 그동안 여러 가지로 답답하게 눌려왔던 제 마음이 일시에 녹았습니다. 그와 동시에 저는 또 한 번 이렇게 자비를 베풀어주시는 부처님과 스님들의 은혜에 한없는 감사의 마음이 들었습니다.

이처럼 제 자신의 마음평안과 삶의 긍정성을 찾게 해준 백일기도는 새로운 일을 시작하려던 저에게 큰 힘이 되었습니다. 스님이 점검해주시는 백일기도를 마치고는 새롭게 시작한 교육사업도 뜻대로 잘되고 있고, 전혀 뜻밖에 약관의 나이에 강의도 하게 되었습니다.

저는 이제 일상에서 지치고 힘들 때마다 어김없이 백일기도 수행의 체험을 생각하게 됩니다. 그 체험은 제게는 신성의 체험과도 같았고, 부처님의 거룩한 세계에 다가갈 수 있는 첫걸음이었습니다. 무엇보다 제 인생의 마음수행 길을 알려주신 스님께 평생을 두고 감사드리고 싶습니다.

백일기도 체험에서 느꼈던 그 무한한 경험 속, 제 마음의 변화를 그 어찌 말로 표현할 수 있겠습니까. 부처님과 부처님 법, 그리고 스님들께 귀의합니다.


불기 2553년(2009) 4월
부산시 진구 양정1동 현대아파트 윤 정

# 『法華三昧懺儀』

## 『법화삼매참법』한문본

### 『法華三昧懺儀』勘定元本序
新脩大藏經, 第46卷 No.1941 宋天竺寺傳天台教觀沙門遵式 述,

聖教浸遠文句舛錯。由傳者浮昧。若不校其同異。明示得失日增月甚逾喪眞味。法華三昧儀者。天台大師瓦官親筆。蓋止觀第三三昧所指別行。卽其文也。若夫啓迪後學爲時所宗。破障壞魔入佛境界。與夫文殊普賢並驅寶輅。遊方至極者。實惟斯漸矣。患其稍易舊章或亡精要。且十科行軌理觀爲主。儻一以誤九法徒施。有於坐禪觀法加成五句者。今列示之。文云。爲因心故心。爲不因心故心。爲亦因心亦不因心故心。爲非因心非不因心故心(元文)爲非非因心非非不因心故心(近加)且山家凡約句法用觀祇但至四。未知五句出自何文。又當推檢之際。第五句下準何爲境。如何用觀。輔行自云。彼別行文但推四句。故今文中廣修象觀以廣於彼(輔行正文)況彼象觀猶是歷事。而正觀一門全今四句。豈應疑誤彼之大體哉。而復輒引經文繫乎卷末。濫回靈注錯其篇內。細碎之失莫得而擧也。故今直勘元本刻板印行。庶存先制。而今而後。求三昧者欲傳斯文。請固存此序用以區別。

# 法華三昧懺儀(法華三昧行事運想補助儀禮法華經儀式)
## (隋瓦官寺沙門釋智顗輒采法華普賢觀經及諸大乘經意撰此法門流行後代)

### 明三七日行法華懺法勸修第一

如來滅後。後五百歲濁惡世中。比丘比丘尼優婆塞優婆夷。誦大乘經者。欲修大乘行者。發大乘意者。欲見普賢菩薩色身者。欲見釋迦牟尼佛多寶佛塔分身諸佛及十方佛者。欲得六根清淨入佛境界通達無閡者。欲得聞十方諸佛所說。一念之中悉能受持通達不忘。解釋演說無障閡者。欲得與文殊師利普賢等諸大菩薩共爲等侶者。欲得普現色身一念之中不起滅定遍至十方一切佛土供養一切諸佛者。欲得一念之中遍到十方一切佛刹。現種種色身作種種神變。放大光明說法度脫一切眾生。入不思議一乘者。欲得破四魔。淨一切煩惱。滅一切障道罪。現身入菩薩正位。具一切諸佛自在功德者。先當於空閑處。三七日一心精進入法華三昧。若有現身犯五逆四重失比丘法。欲得清淨還具沙門律儀。得如上所說種種勝妙功德者。亦當於三七日中。一心精進修法華三昧。所以者何。此法華經是諸如來祕密之藏。於諸經中最在其上。行大直道無留難故。如轉輪王髻中明珠不妄與人。若有得者隨意所須種種珍寶悉皆具足。法華三昧亦復如是。能與一切眾生佛法珍寶。是故菩薩行者應當不計身命。盡未來際修行此經。況三七日耶。問曰。佛道長遠。三七日修行當有何益。答有三種益。在下當說。

### 明三七日行法前方便第二

(修行有二種。一者初行。二者久行。敎初行者當用此法。敎久修者依安樂行品)

夫一切懺悔行法。悉須作前方便。所以者何。若不先嚴淨身心卒入道場。則道心不發行不如法。無所感降。是故當於正懺之前。一七日中先自調伏其心息諸緣事。供養三寶嚴飾道場。淨諸衣服一心繫念。自憶此身已來及過去世所有惡業。生重慚愧禮佛懺悔。行道誦經坐禪觀行。發願專精。爲令正行三昧身心清淨無障閡故。心所願求悉克果故(亦須誦下諸懺悔文。悉令通利)

## 明正入道場三七日修行一心精進方法第三

(正入道場用六齋日。此日太子四天王使者等。諸天善神下來人間。檢校善惡。見修善者。卽注善簿。安慰守護。爲現瑞相。令行者心生歡喜。增益善根故)

行者初欲入道場之時應自安心。我於今時 乃至滿三七日。於其中間當如佛教一心精進。所以者何。若心異念卽雜諸煩惱。名不清淨。心不淨故。豈得與三昧正道相應。是故自要其心不惜身命。一心精進。滿三七日。問曰。衆生心相隨事異緣。云何能得一心精進。答曰。有二種修一心。一者事中修一心。二者理中修一心。事中修一心者。如行者。初入道場時卽作是念。我於三七日中。若禮佛時當一心禮佛。心不異緣。乃至懺悔行道誦經坐禪。悉皆一心。在行法中無分散意。如是經三七日。是名事中修一心精進。二者理中修一心精進。行者。初入道場時應作是念。我從今時乃至三七日滿。於其中間諸有所作常自照了。所作之心心性不二。所以者何。如禮佛時心性不生不滅。當知一切所作種種之事。心性悉不生不滅。如是觀時見一切心悉是一心。以心性從本已來常一相故。行者能如是反觀心源心心相續。滿三七日不得心相。是名理中修一心精進法。

## 明初入道場正修行方法第四

行者初入道場。當具足十法。一者嚴淨道場。二者淨身。三者三業供養。四者奉請三寶。五者讚歎三寶。六者禮佛。七者懺悔。八者行道旋遶。九者誦法華經。十者思惟一實境界。行者於三七日中日夜六時。初入道場一時之中當具足修此十法。於後六時一一時中。當略去請佛一法。餘九法悉行無異(明此十法之中。有但說施爲方法。有教運心作念。有教誦文章句口自宣說。行者當好善取意而用。未必併須誦此文也)

### 第一明行者嚴淨道場法

當於閑靜之處。嚴治一室以爲道場。別安自坐之處。令與道場有隔。於道場中敷好高座。安置法華經一部。亦未必須安形像舍利幷餘經典。唯置法華經。安施旛蓋種種供養具。於入道場日。清旦之時當淨掃地。香湯灌灑香泥塗地。然種種諸香油燈。散種種華及諸末香燒衆名香。供養三寶。備於己力所辦。傾心盡意極令嚴淨。所以者何。行者內心敬重三寶超過三界。今欲奉請供養。豈可輕心。若不能拔己資財供養大乘。則終不能招賢感聖重罪不滅。三昧何由可發。

### 第二明行者淨身方法

初入道場。當以香湯沐浴著淨潔衣。若大衣及諸新染衣。若無當取己衣勝者。以爲入道場衣。於後若出道場。至不淨處。當脫去淨衣著故衣。所爲事竟。當更洗浴著本淨衣。入道場行事也。

### 第三明行者修三業供養法

(初入道場。至法座前先敷尼師壇正身倚立。應先慈念一切衆生欲興救度。次當起殷重心慚愧懇惻存想如來。三寶罣塞十方虛空。影現道場。是時手執香爐燒衆名香。散種種華供養三寶。卽尋五體投地。口自唱言)一切恭敬。

一心敬禮十方常住佛(心隨身口一心頂禮。無分散意了知此身如影不實。於能禮所禮心無所得。一切衆生。亦同入此禮佛法界海中。總禮十方佛。一拜已次。當正身威儀。口自唱言)

一心敬禮十方常住法(禮一拜已。次當正身威儀。口自唱言)

一心敬禮十方常住僧(禮一拜已。用心方法。不異上禮佛中說禮三寶竟。卽當胡跪。右膝著地。正身威儀。一心燒香散華。端身正意次當口自唱言)

嚴持香華如法供養。願此香華雲遍滿十方界。供養佛經法。幷菩薩聲聞緣覺衆。及一切天仙。受用作佛事(次當運心想。此香華於念念中。遍至十方一切佛土。作種種眾寶。莊嚴諸臺樓觀。上妙諸色作種種妓樂。上妙音聲歌唄讚歎。作種種栴檀沈水上妙諸香。作種種肴膳湯藥。上妙眾味。作種種衣服瓔珞。流泉浴池上妙諸觸。作眾禪定智慧清淨實相無量。上妙法門。悉皆充滿法界。以爲佛事供養十方三世諸佛一切三寶。願三寶攝受。亦熏一切眾生。發菩提心。於一一佛前悉見己身。如此供養等無有異。又願六道四生。悉入我供養法界海中。了知如是供養。悉從心生無有自性。心不取著。此念成已。即五體投地。口自唱言)供養已一切恭敬。

## 第四明行者請三寶方法

(行者已修三業供養已。次應更燒香散華。一心正念。迴前供養之心奉請三寶。請三寶法當運心正對所請。口稱名字。一一如法奉請。不得散亂輕心)

一心奉請南無釋迦牟尼佛(即知法身猶如虛空。無去來相。餘一切佛亦復如是。隨心想念。從耆闍崛山。與大眾圍遶來到道場。受我奉請殷勤供養)

一心奉請南無過去多寶世尊(即應心想。多寶佛塔。從地涌出。影現道場。受我供養)

一心奉請南無釋迦牟尼十方分身諸佛(即應心想。分身諸佛。悉皆雲集。在寶樹下受我供養)

一心奉請南無妙法蓮華經中一切諸佛(即應心想。過去日月燈明佛等。現在淨華宿王智佛等。未來華光佛等。悉皆現前受我供養)

一心奉請南無十方一切常住佛(即應運心想。東方諸佛身黃金色。相好具足放大光明。與諸大眾前後圍遶。來到道場㝠塞虛空受我供養。南西北方四維上下。亦復如是)

一心奉請南無大乘妙法蓮華經(心想甚深。祕密法藏。悉現在前。受我供養)

一心奉請南無十方一切常住法(即應運心想。十方一切諸佛。所有法藏。悉現道場中受我供養)

一心奉請南無文殊師利菩薩摩訶薩(運心想念。與無量菩薩圍遶受我供養)

一心奉請南無彌勒菩薩摩訶薩(亦如前運心想)

一心奉請南無藥王菩薩藥上菩薩摩訶薩

一心奉請南無觀世音菩薩無盡意菩薩摩訶薩

一心奉請南無妙音菩薩華德菩薩摩訶薩

一心奉請南無常精進菩薩得大勢菩薩摩訶薩

一心奉請南無大樂說菩薩智積菩薩摩訶薩

一心奉請南無宿王華菩薩勇施菩薩持地菩薩摩訶薩

一心奉請南無下方上行等無邊阿僧祇菩薩摩訶薩

一心奉請南無妙法蓮華經中普賢菩薩等一切諸大菩薩摩訶薩(心念。普賢菩薩
乘 六牙白象王。以一切眾生所喜見身與無量眷屬。來入道場受我供養)

一心奉請南無妙法蓮華經中舍利弗等一切諸大聲聞眾

一心奉請南無十方一切常住僧(運心想。一切十方諸大菩薩聲聞緣覺眾放大光
明。與諸大眷屬圍遶。來到道場受我供養)

一心奉請妙法蓮華經中一切天龍夜叉乾闥婆阿修羅迦樓羅緊那羅摩睺羅伽人
非人等。一切冥空各及眷屬(如是次第一遍奉請竟。即五體投地。復更胡跪燒
香散華。從初次第稱名奉請。如是奉請滿三遍已。即當口自宣言)


唯願本師釋迦牟尼世尊多寶如來分身諸佛。大慈大悲。受我奉請來到道場大
乘妙法蓮華經真淨法門哀憫覆護。受我奉請來到道場文殊師利菩薩彌勒菩薩
下方上行等菩薩普賢菩薩等妙法蓮華經中一切諸大菩薩摩訶薩。大慈大悲受
我奉請。來到道場舍利弗等一切諸大聲聞。悉皆慈悲受我奉請。來到道場一
切十方三寶憐憫覆護。受我奉請來到道場一切天龍八部等悉生哀憫。受我奉
請來到道場。是諸聖眾願悉證明。我於今日欲為十方一切六道眾生。修行大
乘無上菩提。破一切障道重罪。願得法華三昧普現色身。於一念中供養一切
十方三寶。於一念中普度一切十方六道一切眾生。令入一乘平等大慧故。於
三七日一心精進。如經所說修行。願一切諸佛菩薩普賢大師本願力故受我懺

悔。令我所行決定破諸罪障。法門現前如經所說(行者當自)

## 第五明讚歎三寶方法

(行者既奉請三寶已。即當五體投地。正身威儀一心倚立。而面向法座燒香散華。心念三寶微妙功德。口自宣偈讚歎幷及咒願)

容顔甚奇妙　光明照十方　我適曾供養　今復還親覲

聖主天中王　迦陵頻伽聲　哀愍衆生者　我等今敬禮。


以此歎佛功德修行大乘無上善根。奉福上界天龍八部。大梵天王三十三天。閻羅五道六齋八王。行病鬼王各及眷屬。此土神祇僧伽藍內護正法者。又爲國王帝主土境萬民。師僧父母善惡知識。造寺檀越十方信施。廣及法界衆生。願藉此善根。平等熏修功德智慧二種莊嚴。同會無生成種智道(即當了知。身口意業充滿法界。讚歎三寶。無生無滅無有自性)


## 第六明禮佛方法

(行者既讚歎竟。應當一心正身威儀。次第禮佛。禮佛之法當隨所禮佛志心憶念。此佛法身猶如虛空。應物現形如對目前。受我禮拜。餘一一佛亦復如是。用心不得散亂。復次行者。禮佛之時。自知身心空寂。無有禮相。亦知此身。雖如幻不實而非不影現。法界一一佛前。悉有此身。頭面頂禮。三七日六時禮佛方法。如下所列無異)

一心敬禮本師釋迦牟尼佛

一心敬禮過去多寶佛

一心敬禮十方分身釋迦牟尼佛

一心敬禮東方善德佛盡東方法界一切諸佛

一心敬禮東南方無憂德佛盡東南方法界一切諸佛

一心敬禮南方栴檀德佛盡南方法界一切諸佛

一心敬禮西南方寶施佛盡西南方法界一切諸佛

一心敬禮西方無量明佛盡西方法界一切諸佛

一心敬禮西北方華德佛。盡西北方法界一切諸佛

一心敬禮北方相德佛。盡北方法界一切諸佛

一心敬禮東北方三乘行佛。盡東北方法界一切諸佛

一心敬禮上方廣眾德佛。盡上方法界一切諸佛

一心敬禮下方明德佛。盡下方法界一切諸佛

一心敬禮往古來今三世諸佛。七佛世尊。賢劫千佛

一心敬禮法華經中過去二萬億日月燈明佛。大通智勝佛。十六王子佛等一切
過去諸佛

一心敬禮法華經中現在淨華宿王智佛。寶威德上王佛等一切現在諸佛

一心敬禮法華經中未來華光佛。具足千萬光相佛等一切未來諸佛

一心敬禮十方世界舍利尊像支提妙塔。多寶如來全身寶塔

一心敬禮大乘妙法蓮華經。十方一切尊經。十二部真淨法寶

一心敬禮文殊師利菩薩彌勒菩薩摩訶薩

一心敬禮藥王菩薩。藥上菩薩摩訶薩

一心敬禮觀世音菩薩。無盡意菩薩摩訶薩

一心敬禮妙音菩薩。華德菩薩摩訶薩

一心敬禮常精進菩薩。得大勢菩薩摩訶薩

一心敬禮大樂說菩薩。智積菩薩摩訶薩

一心敬禮宿王華菩薩。持地菩薩。勇施菩薩摩訶薩

一心敬禮法華經中下方上行等無邊阿僧祇菩薩摩訶薩

一心敬禮法華經中舍利弗等一切諸大聲聞眾

一心敬禮十方一切諸尊大權菩薩。及聲聞緣覺得道賢聖僧

一心敬禮普賢菩薩摩訶薩

(三唱此菩薩。是法華懺悔主。行者當自作心。的對此菩薩胡跪說罪懺悔幷發

願等。其餘諸佛菩薩悉作證明。三七日中皆悉如是)普爲四恩三有及法界眾生
悉願斷除三障歸命懺悔。

## 第七明懺悔六根及勸請隨喜迴向發願方法

(行者既禮佛竟。卽於法座前正身威儀。燒香散華存想三寶。昺塞虛空。普賢菩
薩乘六牙白象。無量莊嚴眷屬圍遶。如對目前。一心一意。爲一切眾生行懺悔
法。生重慚愧發露無量劫來及至此生。與一切眾生。六根所造。一切惡業斷相
續心。從於今時乃至盡未來際。終不更造一切惡業。所以者何。業性雖空果報
不失。知空之人尚不作善。況復作罪。若造惡不止。悉是顛倒因緣。則受妄果。
是故行者以知空故生大慚愧。燒香散華發露懺悔。下所說懺悔章句。多用普賢
觀經意若欲廣知懺悔方法。讀經自見。若不能廣尋。今取意略說以成行法)

## 最初懺悔眼根法

(行者一心胡跪正身威儀。燒香散華。心念改悔。我與眾生。眼根從昔已來。
性常空寂。顛倒因緣起諸重罪。流淚悲泣。口宣懺悔。下五根懺悔威儀方法。
例如今說。口卽自言)

至心懺悔。比丘(某甲)與一切法界眾生。從無量世來。眼根因緣貪著諸色。以
著色故貪愛諸塵。以愛塵故受女人身。世世生處惑著諸色。色壞我眼爲恩愛
奴。故色使我經歷三界。爲此弊使盲無所見。眼根不善傷害我多。十方諸佛常
在不滅。我濁惡眼障故不見。今誦大乘方等經典。歸向普賢菩薩及一切世尊。
燒香散華。說眼過罪不敢覆藏。諸佛菩薩慧眼法水願與洗除。以是因緣令我
與一切眾生眼根一切重罪畢竟清淨(懺悔已禮三寶。說是語已。五體投地。普
賢觀經中。明懺六根。悉須三說。若時久難行。一說亦得但作是言。第二第三
亦如是說。行者當自思憶經。於此身眼根所起重罪。對普賢發露懺悔。下五根
皆有此意)

## 懺悔耳根法

至心懺悔。比丘(某甲)與一切法界眾生從多劫來。耳根因緣隨逐外聲。聞妙音時心生惑著。聞惡聲時起百八種煩惱賊害。如此惡耳報得惡事。恒聞惡聲生諸攀緣。顛倒聽故當墮惡道邊地。邪見不聞正法。處處惑著無暫停時。坐此窾聲。勞我神識墜墮三塗。十方諸佛常在說法。我濁惡耳障故不聞。今始覺悟。誦持大乘功德海藏。歸向普賢菩薩及一切世尊。燒香散華。說耳過罪不敢覆藏。以是因緣令我與法界眾生。耳根所起一切重罪畢竟清淨(懺悔已禮三寶)

## 懺悔鼻根法

至心懺悔。比丘(某甲)與一切法界眾生。從無量劫來坐此鼻根。聞諸香氣。若男女身香肴膳之香。及種種香迷惑不了。動諸結使諸煩惱賊臥者。皆起無量罪業。因此增長。以貪香故。分別諸識處處染著。墮落生死受諸苦報。十方諸佛功德妙香充滿法界。我濁惡鼻障故不聞。今誦大乘清淨妙典。歸向普賢菩薩及一切世尊燒香散華。說鼻過罪不敢覆藏。以是因緣令我與一切眾生。鼻根一切過罪畢竟清淨(懺悔已禮三寶)

## 懺悔舌根法

至心懺悔。比丘(某甲)與一切法界眾生從無數劫來。舌根所作不善惡業。貪諸美味損害眾生。破諸禁戒開放逸門。無量罪業從舌根生。又以舌根起口過罪。妄言綺語惡口兩舌。誹謗三寶讚說邪見。說無益語。鬥構壞亂法說非法。諸惡業刺從舌根出。斷正法輪從舌根起。如此惡舌斷功德種。於非義中多端強說讚歎邪見。如火益薪。舌根罪過無量無邊。以是因緣當墮惡道。百劫千劫永無出期。諸佛法味彌滿法界。舌根罪故不能別了。今誦大乘諸佛祕藏。歸向普賢菩薩及一切世尊燒香散華。說舌過罪不敢覆藏。以是因緣令我與法界眾生。舌根一切重罪畢竟清淨(懺悔已禮三寶)

## 懺悔身根法

至心懺悔。比丘(某甲)與一切法界眾生從久遠來。身根不善貪著諸觸。所謂男女身分柔軟細滑。如是等種種諸觸顛倒不了。煩惱熾然。造作身業起三不善。謂殺盜婬。與諸眾生作大冤結。造逆破戒乃至焚燒塔寺。用三寶物無有羞恥。如是等罪無量無邊。從身業起說不可盡。罪垢因緣未來世中當墮地獄。猛火焰熾焚燒我身。無量億劫受大苦惱。十方諸佛常放淨光。照觸我受大身根重罪障故不覺。但知貪著麤弊惡觸。現受眾苦。後受地獄餓鬼畜生等苦。如是種種眾苦。沒在其中不覺不知。今日慚愧。誦持大乘真實法藏。歸向普賢菩薩及一切世尊燒香散華。說身過罪不敢覆藏。以是因緣令我與法界眾生。身根一切重罪畢竟清淨(懺悔已禮三寶)

## 懺悔意根法

至心懺悔。比丘(某甲)與一切法界眾生從無始已來。意根不善貪著諸法狂愚不了。隨所緣境起貪瞋癡。如是邪念能生一切雜業。所謂十惡五逆。猶如猿猴。亦如黐膠。處處貪著。遍至一切六情根中。此六根業枝條華葉。悉滿三界二十五有一切生處。亦能增長無明老死十二苦二十八邪八難無不經歷。無量無邊惡不善報。從意根生。如是意根卽是一切生死根本。眾苦之源。如經中說。釋迦牟尼名毘盧遮那遍一切處。當知一切諸法悉是佛法。妄想分別受諸熱惱。是則於菩提中邪八清淨。於解脫中而起纏縛迦牟尼名毘盧生重慚愧生重怖畏。誦持大乘如說修行。歸向普賢菩薩及一切世尊燒香散華說意過罪。發露懺悔不敢覆藏。以是因緣令我與法界眾生意根一切重罪。乃至六根名毘盧生惡業。已起今起未來應起。洗瀚懺悔畢竟清淨(懺悔已禮三寶。六時長用。若謂語多當取其意。自減略之)

## 明勸請法

(一心胡跪正身威儀。燒香散華一心作念。請佛菩薩。說法度眾生。心念口宣。

下三法亦如是。當作是言)

我比丘(某甲)至心勸請十方法界無量佛。唯願久住轉法輪。含靈抱識還本淨。

然後如來歸常住(勸請已禮三寶。說是語已。五體投地。行者若欲自出。意説

多少。隨心自説。下三法亦如是)


## 明隨喜法

我比丘(某甲)至心隨喜。諸佛菩薩諸功德。凡夫靜亂有相善。漏與無漏一切

業。比丘(某甲)咸隨喜(隨喜已禮三寶)


## 明迴向法

我比丘(某甲)至心迴向。三業所修一切善。供養十方恒沙佛。虛空法界盡未來

願迴此福求佛道(迴向已禮三寶)


## 明發願法

我比丘(某甲)至心發願。願命終時神不亂。正念直往生安養。面奉彌陀值眾

聖。修行十地勝常樂(發願已禮三寶。發願之法行者當於普賢菩薩一切世尊

前。心念口言。心中所有諸願。所謂於此身行道無障。四魔不起。得深三昧。

入諸法門。弘通正法度脫眾生。捨命之時正念成就。乃至之時正念。常值三寶

正信家生出家修道。供養三寶受持大乘。諸波羅蜜悉皆見前。與一切眾生成

等正覺。如是種種隨心中所有諸願。悉當隨心自説。此逐行者之情。不可一一

備紋)


## 第八明行道法

(行者既禮佛竟。當一心正身威儀。右遶法座燒香散華。安庠徐步。心念三寶。

次第三遍稱)

南無十方佛。南無十方法。南無十方僧 南無釋迦牟尼佛 南無多寶佛 南無釋

迦牟尼分身佛 南無妙法蓮華經 南無文殊師利菩薩 南無普賢菩薩(如是稱諸
佛菩薩摩訶薩名字。即當誦經誦經之法在下廣明。行者非但覺了誦經音聲性
空。亦當知身心如雲如影。擧足下足心無所得。不住行相。亦知此身影現十方
充滿法界。無不普現。圍遶諸佛。如是旋遶三匝乃至七匝三七匝七七匝百匝。
無有定數。當自斟量。若行道欲竟。當還如前稱三寶名字。燒香正念作契唄。
唄竟至本禮佛處。歸依三寶一心正念。當口自唱言)
自歸依佛。當願衆生體解大道發無上心(說竟作禮。復言)
自歸依法。當願衆生深入經藏智慧如海(說竟作禮復言)
自歸依僧。當願衆生統理大衆一切無閡。和南聖衆(作禮)


## 第九重明誦經方法

行者即於前行道中。稱諸佛菩薩名字竟。一心正念誦法華經。但誦有二種人。
一具足誦。二不具足誦。具足誦者。行者先已誦妙經一部通利令入道場。可從
第一而誦一品二品。或至一卷。行道欲竟即止誦經。如前稱諸佛菩薩名。三
自歸依竟。還本坐處。若意猶未欲坐禪。更端坐誦經。亦得多少隨心斟酌。但
四時坐禪不得全廢。事須久坐。若人本不習坐。但欲誦經懺悔。當於行坐之中
久誦經疲極可暫歇念。消息竟便即誦經。亦不乖行法故云不入三昧。但誦持
故見上妙色。二不具足誦者。所謂行者本未曾誦法華經。今爲行三昧故。當誦
安樂行一品。極令通利。若旋遶時。誦此品若一遍二三遍。隨意多少。若兼誦
法華餘品亦得。但不得誦餘經典籍。夫誦經之法當使文句分明。音聲辯了不
寬不急。繫緣經中文句。如對文不異。不得謬誤。當次靜心了音聲性。如空谷
嚮。雖不得音聲。而心歷歷照諸句義。言詞辯了。運此法音充滿法界供養三
寶。普施衆生令入大乘一實境界


## 第十明坐禪實相正觀方法

行者行道誦經竟。當就坐處。入繩床中齊整衣服端身正坐。閉眼合口調和氣

息。寬放身心。一一如坐禪前方便中說。然後歛念正觀破壞罪業。云何明正觀。如菩薩法不斷結使不住使海。觀一切法空如實相。是名正觀。云何名觀一切法空。行者當諦觀現在一念妄心隨所緣境。如此之心爲因心故心。爲不因心故心。爲亦因心亦不因心故心。爲非因心非不因心故心。爲在三世。爲在內外兩中間。有何足跡在何方所。如是等種種因緣中求心畢竟不可得。心如夢幻不實。寂然如虛空無名無相不可分別。爾時行者尚不見心是生死。豈見心是涅槃。既不得所觀。亦不存能觀。不取不捨不倚不著。一切念想不起心常寂然。亦不住寂然。言語道斷不可宣說。雖不得心非心相。而了了通達一切心非心法。一切皆如幻化。是名觀心無心法不住法。諸法解脫滅諦寂靜。作是懺悔名大懺悔。名莊嚴懺悔。名無罪相懺悔。名破壞心識懺悔。行此懺悔心如流水不住法中。所以者何。一切妄想顛倒所作罪福諸法皆從心起。離心之外則無罪福及一切法。若觀心無心則罪福無主。知罪福性空。則一切諸法皆空。如是觀時能破一切生死顛倒。三毒妄想極重惡業。亦無所破。身心清淨。念念之中照了諸法。不受不著細微陰界。以是因緣。得與三昧相應。三昧力故。即見普賢及十方佛摩頂說法。一切法門悉現一念竟不。非一非異無有障閡。譬如如意寶珠具足一切珍寶。如是寶性非內非外。行者善觀心性猶如虛空。於畢竟淨竟不見一切法門通達無閡。亦復如是。是名行者觀心實相懺悔。六根不斷五欲。得淨諸根見障外曆。廣說如法華經普賢觀經中所明。復次行人初入道場。一時之中當具足修此十法。如是於六時中悉用是法。唯除召請三寶。於三七日中修於九法。行一一法時皆修此觀。六時之中一一時中。不得於事理有閡。是名三七日中一心精進。復次行者於三七日中修懺悔時。三七若坐若住若出入。大小便利掃灑洗澣。運爲舉動視眴俯仰。應當心心存念三寶。觀心性空。不得於剎那頃。憶念五欲世事。生邪念心。及與外人言語論議。放逸眠臥戲笑視色聽聲。著諸塵境起不善無記煩惱雜念。乖四安樂行中說。若能如是心心相續。不離實相不惜身命。爲一切衆生行懺悔法。是名三七日中眞實一心精進修也(行法相貌多出普賢觀經中。及四安樂行中。行者若欲精進修三

昧。令行無過失。當熟看二處經文)

## 略明修證相第五

行者若能如是。於三七日一心精進。修三昧時於三七日。中間或滿三七日已
有三種。行者證相不同。今當略分別之。一者下根行者證相。二者中根行者
證相。三者上根行者證相。下根證相者。所謂三七日中間或三七日滿。獲得戒
根清淨。云何當知。就中亦有三品。一者下品行者。若得種種諸靈異好夢。或
覺諸根明淨。四大輕利顏色鮮潔。身有氣力威德巍巍。道心勇發。是名下品知
戒根漸淨相也。中品戒根淨相者。於三七日中若三七日滿。於行道時。若坐禪
中。忽見種種靈瑞。所謂光華淨色異妙香氣。及善聲稱讚。諸如梵網經菩薩戒
中說。見如是一一靈瑞相已。身心慶悅得法喜樂。無諸惡相。是名中品知戒根
淨相也。上品戒根淨相者。於三七日中若三七日滿。於行道及坐禪中。雖不證
種種法門。而身心安樂寂靜。於靜心中自見其身戒清淨相。所謂見身著淨法
服。威儀齊整身相端嚴。在清淨眾中自見善業之相。了了分明。三篇戒相次第
而現。信心開發心得法喜。安隱快樂無有怖畏。於定心中見如是等一一諸善
業相。是名上品戒根淨相。以是三品相貌。驗知戒根漸得清淨也。其相眾多不
可廣說。若罪重難滅而能用心。苦到懺悔不止。或時見諸罪相。所謂見無頭
手。及深坑濁水猛火臭穢。種種諸惡境界。見已心生恐畏。當重懺悔。懺悔不
止於後亦得戒清淨也云何當知。中根行者得證淨相。所謂得定根清淨。就中
亦有三品。下品行者若於坐禪時。忽覺身心澄靜發諸禪定。所謂欲界住及未
到地定身心空寂。身中諸觸次第而發。覺觀分明。喜樂一心。然寂靜。或緣眾
生證慈悲喜捨。或復緣佛相好。善心開發入諸三昧。空寂。身中諸定。是名下
品定根清淨相也。中品知定根清淨相者。有諸行者於坐禪時身心安定。覺出
入息長短細微。遍身毛孔出入無閡。因是見身三十六物了了分明。發諸喜樂
入身中禪定。或見禪定身諸不淨白骨狼禪定或見白骨皎潔分明厭離或謂欲因
是發諸禪定。身心快樂安定正受。或緣諸法而生慈悲喜捨。或緣諸佛微妙智

慧身中功德而生三昧。空寂。身中諸定開發。是名中品定根清淨相也。上品定根清淨相水猛火臭於坐禪中身心安靜。心緣或謂陰入界法。卽覺無常苦空身受了了分悉皆心。然十二因緣虛假臭於坐心緣或謂不生不滅。猶如虛空身心安定。與緣衆相無願相應。而生身中諸深禪定。微妙快樂安靜無爲。厭離或謂憫念心緣。無復蓋覆及諸惡法。是名上品定根淨相。此則略説中根行者得定根清淨相也。云何當知。上根行者得證之相。所謂慧根清淨就中亦有三品。下品慧根淨相者。若於三七日中若三七日滿。若於行坐之中入諸禪定。忽覺身心如雲如影樂一心。然因是覺心內發。智慧分明了達虛空身。若巧説惡法。是名就十二部經隨義解釋難問無滯。無爲無盡。是名下品慧根淨相也。中品慧根淨相者。所謂行者於行坐誦不滅。身心安定上根行者得入諸寂定。於正慧中面象。與無量菩薩衆而自圍遶。以一切衆生所喜見身現其人前。是人以三昧及陀羅尼。其名曰旋陀羅尼。百千萬億旋陀羅尼。法音方便陀羅尼。陀羅尼者。卽是大智慧也。得是大智慧故。諸佛所説一聞不忘通達無閡。於一句中通達一切義説無窮盡。如虛空中風。得如是種種諸智慧門。是名中品慧根淨相也。上品慧根淨相者。行者亦於行坐誦念之中。身心豁然清淨入深禪定。覺慧分明心不動搖。於禪定中得見普賢菩薩。釋迦多寶分身世尊。及十方佛。得無閡大陀羅尼獲六根清淨。普現色身開佛知見。入菩薩位。廣説如普賢觀經中。

# 참고 문헌

《 경전류 》

天台智顗 述, 釋法藏 沙門 譯, 『法華三昧懺儀輔行集註』, 臺灣: 歡迎翻印流通, 1985.

慈雲遵式 述, 『法華三昧懺儀勘定元本序』「新修大藏經」(第四十六卷, 目錄一九四一).

『大方廣佛華嚴經』 60卷 本, 해인사 고려팔만대장경.

『妙法蓮華經』, 해인사 고려팔만대장경.

『妙法蓮華經』, 대한불교천태종, 2016.

『正法華經』, 해인사 고려팔만대장경.


각묵스님 역, 『디가니까야』 I · II · III, 울산: 초기불전연구원, 2006.

거해스님 역, 『法句經』 I · II, 서울: 샘이 깊은 물, 2003.

대림스님 역, 『앙굿다라니까야』 I, 서울: 초기불전연구원, 2006.

대한불교조계종교육원 편, 『阿含經』, 서울: 曹溪宗出版社, 2000.

대한불교조계종 역경위원회 편, 『妙法蓮華經』, 서울: 동국역경원, 1992.

대한불교조계종 역경위원회 편, 『正法華經』, 서울: 동국역경원, 1992.

묘찬스님 역, 『妙法蓮華經』, 부산: 도서출판 삼보각, 2002.

밍곤 사야도 역, 범라 역, 『마하붓다완사』 I, 동두천: 위빠사나출판사, 2004.

범라스님 역, 『위숫디막가』, 동두천: 위빠사나출판사, 2003.

법정 역, 『숫타니파타』, 파주: 이레, 2003.

불전간행회 편, 『阿含經』 I · II, 서울: 민족사, 2004.

석혜능 역, 『妙法蓮華經』, 부산: 부다가야, 2000.

안진호 譯吐, 『妙法蓮華經』, 서울: 법륜사, 1989.

이연숙 역, 『法華經』, 서울: 시공사, 1997.

전재성 역, 『맛지마니까야』 I, 서울: 한국빠알리성전협회, 2002.

전재성 역, 『쌍윳타니까야』 I · II, 서울: 한국빠알리성전협회, 2002.

최봉수 역, 『마하박가』 I · II · III, 서울: 시공사, 1998.

혜경스님 역, 『法華經』, 서울: 삼양, 1992.

혜능스님 저, 청화스님 역, 『六祖壇經』, 서울: 광륜, 2003.


《 단행본, 논문 》

伽山(李智冠) 편, 『伽山佛敎大辭林』, 서울: 가산불교문화연구원, 2004.

거해스님 역, 『根本佛敎禮佛文』, 서울: 삼영출판사, 1994.

고익진, 『불교의 체계적 이해』, 광주: 흥불구세복전도량, 2007.

고익진, 『현대한국불교의 방향』(재판), 광주: 이바지, 1998.

김길상 편, 『佛敎大辭典』, 서울: 홍법원, 2001.

김호성, 『千手經이야기』, 서울: 민족사, 2001.

楞伽스님 편, 『法華經講說』, 서울: 대흥기획, 1996.

대림 · 각묵 공역, 『아비담마 길라잡이』(상 · 하), 서울: 초기불전연구원, 2004.

마하테라 나라다 저, 석길암 · 정동하 공역, 『오직 그대 자신을 등불로 삼아라』, 서울: 경서원, 불기2540(1996).

붓다고사 저, 대림스님 역, 『청정도론』 Ⅰ · Ⅱ · Ⅲ, 서울: 초기불전연구원, 2004.

원나시리 저, 범라 역, 『아난존자의 일기』 Ⅰ · Ⅱ, 서울: 운주사, 2006.

德山스님, 『念佛禪: 염불하는 자, 이 누구인가?』, 서울: 클리어마인드, 2007.

無比스님, 『法華經 이야기』, 서울: 불광출판부, 2004.

민희식, 『法華經과 新約聖書』, 서울: 가이아 C&D, 1999.

朴惠京 편, 『法華經入門』, 서울: 범우사, 1985.

佛敎文化硏究所 편, 『韓國天台思想硏究』, 서울: 동국대학교출판부, 1986.

徐潾烈 著, 『법화삼매의 형성 과정에 관한 소고』, 서울: 중앙승가대학교, 1998.

釋慧能 편, 『慈悲修懺과 法華懺悔』, 서울: 하늘북, 2004.

영주 · 우천 공편, 『(천불천배)慈悲道場懺法』, 서울: 정우서적, 2006.

藝文印書館 編, 『十三經注疏 5: 禮記』, 台北: 藝文印書館, 1981.

운주사 편집부, 『慈悲道場懺法』, 서울: 운주사, 2006.

印光大師, 『印造經像之功德』.

전재성 편, 『빠알리한글辭典』, 서울: 한국빠알리성전협회, 2005.

SGI한국불교회 교학부 편, 『日蓮大聖人御書全集』(상 · 하), 서울: 和光出版社, 1996.

天台智顗 述, 김무득 역, 『摩訶止觀』 Ⅰ~Ⅴ권, 서울: 운주사, 1994.

天台智顗 述, 김무득 역, 『天台小止觀』, 서울: 경서원, 1990.

天台智顗 저, 靈山 역, 『法華懺法』, 부산: 도서출판 삼보각, 2002.

天台 · 원황 述, 남민수 역, 『좌선수행법』, 서울: 불교시대사, 1999.

淸華스님, 『가장 행복한 공부』, 서울: 시공사, 2003.

淸華스님 術, 『생명의 고향 마음자리로 돌아가는 가르침』, 서울: 상상예찬, 2007.

체관 錄, 이영자 역주, 『天台四敎儀』, 서울: 경서원, 1992.

退翁性徹 述, 『百日法門』 상·하, 합천군: 장경각, 1992.

鶴潭 편, 『法華三昧의 길』, 서울: 큰수레, 2007.

韓國佛敎文化硏究院 편, 『天台學槪論』, 서울: 보련각, 1981.

海龍寺版 『法華經 靈驗錄』.

海印寺叢林 편, 光德스님 역, 『禮佛大懺悔文』, 합천군: 장경각, 1998.

虛雲禪師 저, 대성스님 역, 『方便開示』, 서울: 여시아문, 1999.


김정근, "觀世音菩薩과 비시누의 太陽神的 성격 고찰", 『한국불교학결집대회논집』
제1집 하권, 서울: 한국불교학결집대회 조직위원회, 2002.


鳩摩羅什 역, 『龍樹菩薩傳(高麗藏 / K1041)』.

金岡秀友 저, 안중철 역, 『大乘佛敎 總說』, 서울: 불교시대사, 1994.

奈良康明 저, 정호영 역, 『印度佛敎』, 서울: 민족사, 1994.

藤田宏達 저, 권오민 역, 『初期部派佛敎의 歷史』, 서울: 민족사, 1992.

水野弘元 저, 이미령 역, 『經典의 成立과 展開』, 서울: 시공사, 1996.

中村元 저, 혜담 역, 『바웃드하佛敎』, 서울: 김영사, 1992.

中村元 저, 김지견 역, 『佛陀의 世界』, 서울: 김영사, 1999.

中村元 저, 정태혁 역, 『原始佛敎』, 서울: 東文選, 1993

平川彰 저, 심법제 역, 『初期大乘佛敎의 종교생활』, 서울: 민족사, 1993.

平川彰 저, 석혜능 역, 『比丘戒의 硏究』 I · II, 서울: 민족사, 2004.


『The Buddhist Monastic Code』, Bhikkhu Thanissaro.

『Cullavagga』 V, BPS(Buddhist Publication Society).

『Daily Cants』, PaAuk Forest Meditation Center.

『Knowing and Seeing』, PaAuk Tawya Sayadaw, PaAuk Meditation Forest Center, 2003.

『The Book of the Discipline』, Vin, Texts ⅲ., PTS(Pali Text Society · 영국 빠알리성전협회).

# 찾아보기

## ㄱ

가나【gaṇa】 : p35, 주30) 하단.

가릉빈가【迦陵頻伽】 : p43, 주45)

공【空】 : 본래 텅 비어 있는 것. 그러나 비어 있기에 채울 수 있고, 없는 것 같지만 무조건적이기에 조건이 갖추어지면 물질적·정신적 현상이 있게 된다. p75, 주94)

교상판석【教相判釋】 : p145, 주161)

구원실성【久遠實成】 : p16, 주2)

## ㄴ

남묘호렌게쿄【南無妙法蓮華經】 : '나무묘법연화경'의 일본식 발음. '남'은 '나무'의 줄임말. p153, 주165)

## ㄷ

단월【檀越】 : p46, 주56)

두타행【頭陀行】 : p126, 주141)

## ㅁ

마정수기【摩頂授記】 : 부처님께서 머리를 어루만져 주시면서 미래에 성불한다고 수기(증명)해주시는 것. p15, 주1)

마정설법【摩頂說法】 : p131, 주145)의 vi)

멸진정【滅盡定】 : p21, 주7)의 ⅰ)

무명업식【無明業識】 : 무지하여 업으로 지어 쌓인 윤회의 당체.

무생【無生】 : 모든 법의 실상(實相)은 나고 없어짐이 없으며, 모든 번뇌를 초월한 경지.

무생법인【無生法忍】 : 일체의 것이 불생불멸임을 아는 것.

무심【無心】 : 무심무념(無念)의 상태. 즉, '한 생각도 일어남이 없다', '한 생각도 일으키지 않는다'이다. 마음이 없다는 말은 즉, 나의 의도가 개입되지 않음을 말함이요 또한 나를 내세우지 않음을 말한다. 무심은 아상(我相)이 사라진 자리이다. 나를 내세우지 않고 나의 의도가 없게 되면 어떤 것에도 집착하지 아니하고 마음을 두지 않게 된다. 인연과보를 받고 맺는 생사윤회가 소멸된다. p131, 주145)의 ⅱ)

무연【無緣】 : 모든 중생에게 차별 없이 베푸는 절대평등의 자비.

무위【無爲】 : p95, 주123)

무학【無學】 : p95, 주123)

## ㅂ

바가와또【bhagavato】 : 세존(世尊)으로 번역한다.

성중【聖衆】: 모든 부처님과 연각, 아라한, 보살님, 스님, 그리고 불법을 지키는 호법신장들. p41, 주39)

세존【世尊】: 세상에서 제일 존귀하고 존경받으실 만한 분. p34, 주28)

소소영영【昭昭靈靈】: 맑디맑은 본래면목.

수기【授記】: 미래에 성불한다는 보증. 수기조건은 p15, 주1)

수행에 적합한 일곱 가지 조건 : p22, 주9)

승가람【僧伽藍】: 스님들의 수행공동체, 즉 큰 사찰, 총림을 말한다. p45, 주53)

시방【十方】: 동서남북 사방의 팔방에다 상방·하방을 보탠 열 방향의 세계를 뜻하는데, 이는 온 우주 사방의 전체세계를 말한다. p37, 주34)

시방제불【十方諸佛】: 온 세계의 모든 부처님. p63, 주82)

신행【信行】: 믿음은 기도를 통해서 드러나고, 기도의 생활화가 신행 일과인데, 신행은 수행(修行)으로 나아가기 위한 전단계이다. 불교의 목적은 해탈이다. 해탈을 통해 얻게 되는 초연함과 삶의 대자유는 수행을 통하지 않고는 이룰 수가 없는 것이다. 수행이란 참선을 가리킨다. p212, 주172)

십력【十力】: p116, 주133)

십악【十惡】: p74, 주92)

신장【神將】: p100, 주125)

심월【心月】: p134, 주151)

십이연기【十二緣起】: 연기(緣起)는 서로 조건지어 상호작용하는 것을 이르는데, 12연기로 이루어진다. 12연기는 ①무명[無明 : 진리에 대해 무지(無知)한 것]을 근본 원인으로 하여 ②행(行), ③식(識), ④명색(名色), ⑤육처(六處), ⑥촉(觸), ⑦수(受), ⑧애(愛), ⑨취(取), ⑩유(有), ⑪생(生), ⑫노사(老死)가 서로 조건으로 하여 순차적으로 돌고 돌면서 연기하는 과정을 말한다. p76, 주97)

## ㅇ

아뇩다라삼먁삼보리【阿耨多羅三藐三菩提】: p108, 주129)

아라하또【arahato】: 아라한. p34, 주28), 주30)

아라한【阿羅漢】: 아라한은 모든 고통과 번뇌를 여의어 해탈한 이로, 공양을 받을 만한 복밭(福田)이 되는 분을 말한다. p34, 주28), 주30)

아승지【阿僧紙/asaṅkheyya】: 4아승지 10만 겁. p35, 주30)

양족존【兩足尊】: 지혜와 복덕의 두 가지를 갖춘 존경할 만한 분. p57, 주68)

안반선【安般禪】: p134, 주150)

안반수의【安般守意】: 안반선.

언어도단【言語道斷】: 말로는 표현할 수 없는 체험의 세계로, 말의 길이 끊어졌다는 뜻이다. p131, 주145)의 i)

여래십호【如來十號】: p34, 주30)

역순경계【逆順境界】: 자신의 뜻에 맞지 않는 거슬리는 상황.

연각【緣覺】: 빠쩻까붓다. p17, 주3) ; p34, 주30)

열반【涅槃】: p20, 주6) ②

염라오도【閻羅五道】: p45, 주51)

염불공덕【念佛功德】: p138, 주157)

예불방법: p47, 주58)

오계【五戒】: p31, 주26)

오역죄【五逆罪】: p23, 주11)

오온【五蘊】: p74, 주94)

오온개공【五蘊皆空】: 오온.

오욕【五慾】: p121, 주137)

오욕락【五慾樂】: 오욕.

요자나 : 거리의 단위로, 하루 동안 손수레로 갈 수 있는 거리. 약 14km.

우요삼잡【右繞三匝】: 부처님께 제자들이 법을 청할 때 존경을 나타내는 예경법의 일종으로 부처님의 주위를 우측으로 세 번 도는 예법. 이는 고대인도 당시의 예경문화이다. p85, 주111)의 ⅰ)

위사카【visakha】: 한문경전에는 위제희부인으로 음역되어 있다. 재가 여성으로 승가에 시주와 보시를 제일 많이 한 부처님의 최고 후원자.

유순【由旬】: 고대 인도에서 (소를) 멍에에 매어 하루 동안 쉬지 않고 갈 수 있는 거리를 말한다. 대략 7마일, 즉 11Km 정도의 거리.

유심정토【唯心淨土】: 오직 마음에 바탕한 깨끗한 국토의 세계.

유위【有爲】: p95, 주123)

육근【六根】: p54, 주64)

육도【六道】: 육도는 육취라고도 하며, ①천상, ②인간, ③아수라, ④축생, ⑤아귀, ⑥지옥의 세계를 말한다. 불교에서는 온 우주를 가리켜 삼계사생육도(三界四生六道)라고 한다. p42, 주41)의 (2)

육재팔왕【六齋八王】: p45, 주52)

육정【六情】: p75, 주95)

육처【六處】: 眼·耳·鼻·舌·身·意. 즉, 눈·귀·코·혀·몸·의식을 말한다. p54, 주64)

이십오유【二十五有】: p75, 주96)

자비관【慈悲觀】: 생명이 있는 모든 존재들이 안락하고 행복하기를, 또 괴로움과 재난에서 벗어나 진정한 행복과 평안을 얻기를 바라는 자비의 마음을 일으키는 수행법. 원어는 메타(metta)이고, 자애(慈愛)라고도 함. p212, 주174)

전도망상【顚倒妄想】: 잘못된 인식의 알음알이로 거꾸로 뒤집혀져 있는 허망한 생각을 이른다. p132, 주145)의 ⅳ)

제목봉창【題目奉唱】: p153, 주165)

중죄【重罪】: p23, 주12) '사중'

지각【知覺】: 감각기관을 통하여 대상을 인식하는 작용. 그 작용의 결과로 지각체가 형성될 때 얻어지는 표상.

지혜수행 : 견성, 마음통찰 등의 마음을 깨치는 수행으로, 이는 선정이나 사마타 수행이 아닌 간화선, 위빠사나(관법) 수행을 말한다.

참회【懺悔】: p53, 주62)

천룡팔부【天龍八部】: p44, 주50)

천인사【天人師】: 천신(天神)과 사람의 스승이 되는 이, 즉 부처를 이룬 분. p34, 주30)

천진면목【天眞面目】: 본래 가지고 있는 순수하고 때 묻지 않은 천진함.

칠각지【七覺支】: p122, 주138)의 ※표.

통찰【洞察】: p25, 주15)의 ⅰ)

**ㅍ**

팔난【八難】: p76, 주99)

팔정도【八正道】: p76, 주98)

**ㅎ**

항하사수【恒河沙數】: 인도 갠지스강의 모래수와 같이 헤아릴 수 없이 많은 것을 이른다.

혜안【慧眼】: p61, 주78)

# 기도의 6단계<sup>172)</sup>

## 1. 삼배(불법승 삼보에 대한 예경)

나모 따사 바가와또 아라하또 삼마 삼붓다사<sup>173)</sup>(염불을 하면서 삼배)

## 2. 자비관(慈悲觀)<sup>174)</sup>

"이제는 모든 고통과 번뇌가 사라져 행복하고 평안해지기를…" 하고 자기에게 먼저 자비의 염력을 보낸 후, 그 다음은 사랑하는 가족과 친구 등 인연 있는 이, 그리고 알게 모르게 불편한 관계에 있거나 원결을 맺은 이에게 순차적으로 자비의 염력을 보냅니다.

## 3. 수행(修行)

수행방법에는 참선과 경전독송, 염불 기도가 있습니다.
염불 기도를 할 경우에는 "나모붓다사"<sup>175)</sup>로 합니다.

## 4. 삼배(탐진치 삼독을 내려놓는 삼배)

## 5. 발원(發願)

## 6. 삼배(계정혜 삼학을 닦는 서원의 삼배)

172) 기도는 자기성찰이요 믿음의 완성입니다. 기도를 생활화하는 것이 신행생활인데, 신행은 수행의 전단계로 수행이 있어야만 삶의 대자유와 초연함을 이룰 수 있습니다.

173) 부처님의 원어 예불문. "위없이 높고 세상에서 유일하게 완전한 깨달음을 성취하신, 아라한이시며 세존이신 부처님께 귀의합니다"라는 뜻입니다.

174) 자비관(慈悲觀·metta) : 일체 모든 중생이 나와 더불어 모든 괴로움과 재난에서 벗어나 진정한 행복과 평안을 누리기를 바라는 자비의 마음을 일으키는 수행법입니다. 이 자비관이 진정한 불공의 회향입니다.

175) "부처님께 귀의합니다"라는 뜻으로 한역으로는 '나무불(南無佛)'입니다. 부처님을 계속 생각하면서 '나모붓다사'라고 일심으로 염불하면 항상 불보살 호법신장의 보호를 받아 모든 위험에서 벗어나고(『법구경』 게송 296~391) 천상에 태어납니다. 그리고 염불하는 그의 마음은 믿음이 깊어져서 두려움과 공포를 극복하여 고통을 감내할 수 있는 힘을 얻게 되고, 부처님의 경지로 향하며 선처(善處)로 인도됩니다. (『법구경』 게송 2편, 게송 296~301편)

편역자 **각산覺山 스님**

(사)한국명상총협회장, 한국참선지도자협회장, 2016 세계명상대전조직위원장, 제2회 간화선 대법회 집행위원장, 2019 대한민국명상포럼 대회장, 대한불교조계종 참불선원장, 아잔브람 한국명상센터 총본원장

- 세계 최초로 4대 성자 명상 스승과 함께 DMZ에서 1만명 세계명상대전을 성공리에 마치고 각종 언론(조선, 중앙, 동아, 한겨레, 경향)과 메스컴에서 소개되고 있는 명상대가이다.

- 강남에서 명상의 열풍을 일으키며 강남의 대형교회 속에서 매년 두배 이상의 성장세로 한국불교수행의 방향을 제시하고 있는 세계적 명상수행승으로서 미국 〈LA 명상힐링대회〉 수행지도 선승(禪僧).

- 수행지도와 강의로는 미국 〈LA 명상힐링대회〉, 〈MBC TV특강〉, 〈BBS-TV특강〉, 〈아잔브람 명상〉, 〈초기불교와 간화선통합수행〉, 〈안반수의경-깨달음의 열 여섯단계〉, 〈간화선 공부〉, 〈법화삼매참법〉 등 120강좌의 강의와 세종정부청사 환경부, 조달청, 울산시 공무원, 불교 중흥협의회 대선사법회 법문.

- 해인사 출가. 은사는 해인사 희랑대 조실 보광 대종사. 해인사 강원(승가대학) 대교과 졸업, 아잔 브람과 파욱 사야도에게 수행사사. 태국·미얀마·호주 숲속과 인도·스리랑카· 중국과 프랑스·영국·미국 등의 국제명상센터, 송광사·범어사·통도사 등의 제방선원 에서 수행 탐방정진.

- 저서는 〈명상입문서, 멈춤의 여행〉이 있고, 역서와 편저로 〈시끄러운 원숭이 잠재우기〉가 있으며, 아잔 브람의 〈성난 물소 놓아주기〉, 〈슬프고 웃긴 사진관〉 등을 국내에서 출간할 때 편역 및 감수를 맡았다.

# 법화삼매참법
# 기도의 비밀

**1판 1쇄 발행** 2020년 3월 25일
**2판 1쇄 발행** 2023년 10월 5일

**지은이** 천태대사
**편역자** 각 산
**펴낸이** 조선미
**펴낸곳** 느낌출판

**출판등록** 2019년 9월 25일 제 2019-000075호
**주소** (08501) 서울특별시 금천구 가산디지털2로 184, 905호 (가산동, 벽산디지털밸리2차)
**대표전화** 02-2113-2612 **팩스** 070-4792-2612 **이메일** ddyj513@naver.com

**ISBN** 979-11-984264-1-3 03220